François Caudwell

Suivre Jésus, un chemin de paix

François Caudwell

Suivre Jésus, un chemin de paix

Aspects de la spiritualité anabaptiste

Éditions Croix du Salut

Impressum / Mentions légales
Bibliografische Information der Deutschen Nationalbibliothek: Die Deutsche Nationalbibliothek verzeichnet diese Publikation in der Deutschen Nationalbibliografie; detaillierte bibliografische Daten sind im Internet über http://dnb.d-nb.de abrufbar.
Alle in diesem Buch genannten Marken und Produktnamen unterliegen warenzeichen-, marken- oder patentrechtlichem Schutz bzw. sind Warenzeichen oder eingetragene Warenzeichen der jeweiligen Inhaber. Die Wiedergabe von Marken, Produktnamen, Gebrauchsnamen, Handelsnamen, Warenbezeichnungen u.s.w. in diesem Werk berechtigt auch ohne besondere Kennzeichnung nicht zu der Annahme, dass solche Namen im Sinne der Warenzeichen- und Markenschutzgesetzgebung als frei zu betrachten wären und daher von jedermann benutzt werden dürften.

Information bibliographique publiée par la Deutsche Nationalbibliothek: La Deutsche Nationalbibliothek inscrit cette publication à la Deutsche Nationalbibliografie; des données bibliographiques détaillées sont disponibles sur internet à l'adresse http://dnb.d-nb.de.
Toutes marques et noms de produits mentionnés dans ce livre demeurent sous la protection des marques, des marques déposées et des brevets, et sont des marques ou des marques déposées de leurs détenteurs respectifs. L'utilisation des marques, noms de produits, noms communs, noms commerciaux, descriptions de produits, etc, même sans qu'ils soient mentionnés de façon particulière dans ce livre ne signifie en aucune façon que ces noms peuvent être utilisés sans restriction à l'égard de la législation pour la protection des marques et des marques déposées et pourraient donc être utilisés par quiconque.

Coverbild / Photo de couverture: www.ingimage.com

Verlag / Editeur:
Éditions Croix du Salut
ist ein Imprint der / est une marque déposée de
OmniScriptum GmbH & Co. KG
Heinrich-Böcking-Str. 6-8, 66121 Saarbrücken, Deutschland / Allemagne
Email: info@editions-croix.com

Herstellung: siehe letzte Seite /
Impression: voir la dernière page
ISBN: 978-3-8416-9929-9

Copyright / Droit d'auteur © 2015 OmniScriptum GmbH & Co. KG
Alle Rechte vorbehalten. / Tous droits réservés. Saarbrücken 2015

François CAUDWELL

Suivre Jésus,
un chemin de paix

Aspects de la spiritualité anabaptiste

INTRODUCTION

Ce livre reprend le contenu de deux conférences données dans les milieux mennonites français en automne 2014. Chacune traitait à sa manière de la possibilité, pour le chrétien, de s'abandonner entièrement entre les mains du Christ pour trouver la paix. La paix intérieure, certes, mais aussi la paix avec les autres. Cet abandon, ce désir profond de marcher à la suite de Jésus, dans l'assurance que Dieu fait tout concourir au bien et que l'obéissance aux commandements du Seigneur dans une vie renouvelée représente un chemin de bonheur, a pris le nom de *Gelassenheit* au sein du mouvement anabaptiste.

Les anabaptistes ne furent cependant pas les seuls à vivre la *Gelassenheit* et à en faire un programme existentiel. D'autres avant eux, notamment au sein du monachisme chrétien, et d'autres avec eux, parmi tous les disciples du Christ, ont cherché à suivre les traces de Jésus, en remettant à Dieu leur volonté et leur avenir.

La première conférence présentée dans ce livre inscrit la *Gelassenheit* dans l'histoire de la spiritualité chrétienne. A partir d'exemples empruntés principalement à l'histoire monastique et au témoignage des anabaptistes, elle met en lumière une parenté d'inspiration qui a traversé les siècles, dans une fidélité commune à l'esprit de l'Evangile. Monachisme et anabaptisme ont puisé à la source de la parole du Christ et des apôtres pour ouvrir en ce monde un chemin de restauration de l'être humain.

Martyrs, moines et anabaptistes n'étaient pas livrés à eux-mêmes. Suivre le Christ n'est possible qu'avec le Christ, dans une attitude priante qui offre une disponibilité à la vie selon l'Esprit. Cette conférence abordait des aspects existentiels du chemin vers la paix. Mais la *Gelassenheit* est aussi un cheminement intérieur. Elle trouve sa source dans la prière, dans une vie spirituelle constamment nourrie par la Parole de Dieu.

La seconde conférence aborde une manière concrète de grandir et de vivre dans la lumière du Christ. Elle fait entrer dans la spiritualité de l'éducation et de l'école chez les amish. Chez eux, la *Gelassenheit* englobe toute l'existence. Elle forge la personnalité de l'individu depuis sa naissance pour lui permettre de demeurer en Christ, quelles que soient les circonstances de la vie. Les enfants eux-mêmes donnent l'impression de posséder l'esprit de la *Gelassenheit* dans leurs gènes, quand on observe leur comportement à l'école. Certains sont prêts, dès l'enfance, à s'entraider et à donner leur vie.

Ils nous apprennent que la paix en Christ n'est pas réservée à une élite de chrétiens ou à des mystiques isolés du monde. C'est un don à découvrir dans l'Evangile. Par la foi, elle est offerte à tous, dans la communion au Christ, par l'écoute de sa Parole, par la prière, et par l'adhésion à son projet de vie, dans une attitude d'humilité et d'obéissance.

François Caudwell
Décembre 2014

Conduire nos pas au chemin de la paix[1]

Cette conférence emprunte son titre au cantique de Zacharie, au début de l'Evangile de Luc. Zacharie, le père de Jean le Baptiste, se réjouissait de la venue du Messie. Il était convaincu que le Christ *conduirait nos pas au chemin de la paix* (Lc 2,79). Comment ? De quelle paix s'agit-il ? Divers témoins vont nous aider à lever un pan de ce mystère…

En 1993, à Sainte-Marie-aux-Mines, j'ai eu le privilège de m'asseoir quelques instants auprès du sociologue Jean Séguy, dont j'avais attentivement lu le livre sur les *Assemblées anabaptistes-mennonites de France*[2]. J'étais sur le point de me lancer dans la préparation d'un mémoire sur les moines de l'abbaye de La-Pierre-qui-Vire. Jean Séguy m'a confirmé dans une idée que je pressentais : la proximité du monachisme et de l'anabaptisme. Un collègue pasteur m'a dit plus tard qu'il estimait que les mennonites étaient les moines du protestantisme !

Les premiers anabaptistes étaient évidemment tous issus du catholicisme. Certains ont été marqués par l'ascétisme et la mystique de la fin du Moyen Age. Michael Sattler (v.1490-1527), par exemple, avait été moine bénédictin[3]. Mais cette constatation vaut également pour les autres réformateurs, à commencer par Martin Luther qui était moine augustin.

Il existe une autre raison à cette proximité : moines et anabaptistes puisaient à la même source. Ils étaient animés du même désir : suivre le Christ jusqu'au bout. C'était la seule direction qu'ils voulaient donner à leur existence. C'est en Christ qu'ils étaient certains de trouver la paix.

---

[1] Conférence donnée à l'Eglise mennonite de Colmar-Ingersheim le 5 octobre 2014.
[2] Jean Séguy, *Les Assemblées anabaptistes-mennonites de France*, Paris-La Haye, Mouron, 1977.
[3] Cf. Claude Baecher, *L'Affaire Sattler*, Méry-sur-Oise, Sator, 1990, p.21.

Pour suivre le Christ, pour devenir son disciple, il convient de tout quitter et de s'abandonner entièrement entre les mains de Dieu. Tel pourrait être le sens d'un mot cher à la spiritualité anabaptiste : *Gelassenheit*. Ce mot n'a pas été inventé par les anabaptistes. Des moines l'utilisaient avant eux. L'usage du terme remonte au mysticisme médiéval, où il désigne une mort à soi-même afin de ne vivre que pour Dieu. Maître Eckhart (v.1260-1327), religieux dominicain, parlait de la *Gelassenheit* pour signifier le dépouillement de tout, afin de se rendre conforme au Christ et d'aboutir à la sérénité. La paix viendrait de la « sortie de soi » qui libère une place en l'âme pour Dieu[4]. *L'homme juste et parfait doit être tellement habitué à mourir à lui-même, s'être tellement dépouillé de lui-même en Dieu et s'être à ce point transformé en la volonté de Dieu que toute sa béatitude consiste à ne plus rien savoir de lui-même ni du monde entier, à ne plus connaître que Dieu seul et ne plus vouloir ni ne plus connaître d'autre volonté que la volonté de Dieu.* [5]

Le mot allemand *Gelassenheit* a différentes significations : soumission, obéissance, humilité, résignation. Il exprime aussi les conséquences de ces attitudes : calme, contentement, tranquillité de l'esprit[6]. Risquons une définition : la *Gelassenheit* est une attitude de renonciation à soi-même et d'acceptation joyeuse de la volonté de Dieu[7].

L'étude des premiers anabaptistes comme celle des amish d'aujourd'hui confirme combien la *Gelassenheit* est source d'une grande force, de calme et de paix intérieurs. Une paix du cœur que l'on rencontre également chez bien des moines, et qui a retrouvé une actualité dans la spiritualité contemporaine[8]. La règle de Taizé affirme que *la joie parfaite est dans le dépouillement d'un amour paisible*[9].

---

[4] Cf. Alain de Libera, introduction aux *Traités et Sermons* de Maître Eckhart, Paris, Flammarion, p.34-37.
[5] Eckhart, *Traités et Sermons*, ibid. p.138.
[6] Cf. Marie-Thérèse Lassabe-Bernard, « L'enseignement moral des Amish défini par la Gelassenheit », *Vision et spiritualité anabaptistes*, Montbéliard, Editions Mennonites, 2001, p.76 ; Donald B. Kraybill, *Les Amish, une énigme pour le monde moderne*, Cléon d'Andran, Excelsis, 2004, p.59.
[7] Cf. Robert Friedmann, « Gelassenheit », in *Mennonite Encyclopedia* (= *ME*), II, p.448.
[8] Frère Roger, de Taizé, a écrit un ouvrage intitulé précisément : *En tout la paix du cœur*, Taizé, 2002.
[9] *Règle de Taizé*, Taizé, 1966, p.40.

La paix est un thème profondément biblique. On peut s'étonner que cette dimension de l'existence n'ait été retenue que par une minorité de chrétiens. C'est peut-être parce que le don de la paix n'est pas sans lien avec l'option radicale pour Jésus sur le *chemin étroit* (Mt 7,14). Nous allons voir cela de plus près…

Mon propos n'aura rien d'exhaustif. A partir de quelques exemples puisés dans la grande tradition chrétienne, je vais tenter de vous faire découvrir un chemin vers la paix du cœur. Si vous souhaitez un remède facile contre le stress, avec quelques méditations sur canapé ou des exercices respiratoires, cette conférence risque de vous décevoir. Pour les gens qui vont nous parler, la paix du cœur ne se trouve qu'au prix d'un âpre combat contre soi-même et le monde. C'est un chemin difficile à la suite de Jésus-Christ, mais un chemin que l'on n'emprunte pas sans Jésus-Christ. Il nous y a précédés, et il nous y accompagne.

I. La paix intérieure dans la Bible

La paix dont j'aimerais vous parler n'est pas l'absence de guerre ou de conflit. Il s'agit d'une paix intérieure que le peuple de la Bible a découverte dans sa relation avec son Dieu. Il ne s'agit pas non plus d'un phénomène mystique ou extatique, mais d'une attitude existentielle.

Le *shalom* (שלום) de la Bible trouve sa source dans une existence qui se conforme à la volonté de Dieu : *Grande est la paix de ceux qui aiment ta loi !* (Ps 119,165). La Bible ne sépare donc pas la paix intérieure de la paix extérieure.[10] La paix biblique désigne « le bien-être de l'existence quotidienne, l'état de l'homme qui vit en harmonie avec la nature, avec lui-même, avec Dieu »[11], avec les autres. Pour demander comment se porte son interlocuteur, l'homme de la Bible lui demande « quelle est sa paix » (cf. 2S 18,32 ; Gn 43,27). Dans l'Ecriture, on se souhaite la paix pour se dire bonjour ou au revoir.

Cette paix est une plénitude de bonheur, liée à la pratique du bien et de la justice : *Point de paix, a dit le Seigneur, pour les méchants* (Es 48,22). *Mon fils, n'oublie pas mon enseignement et que ton cœur observe mes préceptes. Ils sont longueur de jours et années de vie et pour toi plus grande paix* (Pr 3,1-2).

Conçue d'abord comme un bonheur terrestre, la paix dans la Bible en arrive à acquérir un sens de plus en plus spirituel. La paix est en définitive ce que Dieu veut pour les hommes. En conséquence, celui qui se confie en lui trouvera la paix : *Aussitôt couché, je peux m'endormir en paix, car toi, Seigneur, toi seul, tu me fais vivre en sécurité* (Ps 4,9). L'être humain obtient ce don de la paix par la prière confiante et la pratique de la justice, c'est-à-dire de ce qui est conforme à la volonté de Dieu.

---

[10] Cf. pour ce qui suit, *Vocabulaire biblique*, Neuchâtel-Paris, Delachaux & Niestlé, 1954, p.213-215.
[11] Cf. aussi, *Vocabulaire de théologie biblique*, Paris, Le Cerf, 1971, p.879-884.

Au moment de la naissance de Jésus, les anges ont annoncé la paix : *Gloire à Dieu au plus haut des cieux et sur la terre paix pour ses bien-aimés* (Lc 2,14). Effectivement, Jésus-Christ apporte sa paix, même dans les tribulations : *Je vous ai dit cela pour qu'en moi vous ayez la paix. En ce monde, vous êtes dans la détresse, mais prenez courage, j'ai vaincu le monde !* (Jn 16,33). Les disciples deviennent porteurs de cette paix : *Dans quelque maison que vous entriez, dites d'abord : « Paix à cette maison »* (Lc 10,5). Paul ne manque pas de joindre aux salutations de ses lettres la grâce et la paix, rappelant par là que la paix est par excellence le don de Dieu en son Fils Jésus-Christ. Désormais, *la paix du Christ règne dans les cœurs* (Col 3,15).

Telle est, en fin de compte, la signification du salut : vivre en Christ, et donc rayonner la paix de Dieu. *Vivez en paix, et le Dieu d'amour et de paix sera avec vous* (2Co 13,11).

Cette paix est une promesse du Christ, rendue possible dans sa mort et sa résurrection. *Je vous laisse la paix, je vous donne ma paix. Ce n'est pas à la manière du monde que je vous la donne* (Jn 14,27). Elle se concrétise dans la vie de l'être humain grâce au don du Saint-Esprit qui le sanctifie (cf. Jn 20,21-22).

Vivre en Christ, vivre avec le Christ, est la source de la seule joie qui demeure : *Si vous observez mes commandements, vous demeurerez dans mon amour. (...) Je vous ai dit cela pour que ma joie soit en vous et que votre joie soit parfaite. Voici mon commandement : aimez-vous les uns les autres comme je vous ai aimés* (Jn 15,10-12). Ce bonheur d'aimer anticipe la joie éternelle, dans la lumière de la résurrection.

II. La paix dans la souffrance: les martyrs

En ce monde vous êtes dans la détresse (Jn 16,33), disait Jésus. Et pourtant, même dans cette détresse peut demeurer une joie. *Heureux êtes-vous lorsque l'on vous insulte, que l'on vous persécute et que l'on dit faussement contre vous toute sorte de mal à cause de moi* (Mt 4,11).

La paix dans la souffrance n'est pas une utopie. Elle se fonde sur les paroles du Christ, sur son exemple, et sur la promesse de l'assistance de son Esprit. Les premiers chrétiens ont pris les paroles de Jésus au sérieux, et ils ont pu en expérimenter les effets.

Nous avons parfois tendance à considérer les récits qui nous décrivent l'Eglise primitive comme des histoire propres à édifier, enjolivées pour les besoins de l'évangélisation, mais sans consistance historique. L'amour fraternel, la communauté des biens, la non violence, le calme dans la souffrance, la paix dans le martyre, seraient des idéalisations.

Il est vrai que l'Eglise primitive ne fut jamais une société parfaite. Conflits, mesquineries, rivalités, couardise, ressortent de certains passages du Nouveau Testament. Interrogeons-nous cependant : Notre difficulté à admettre la réalité des fruits de l'Esprit, la puissance de la vie nouvelle dans les premières communautés, ne viendrait-elle pas de notre difficulté à croire, de notre réticence à suivre le chemin que les premiers chrétiens ont suivi ?

Ils avaient la volonté de vivre les enseignements de Jésus. Ils s'engageaient fermement dans ce sens au moment de leur baptême. En confessant que Jésus Christ est Seigneur, ils signifiaient qu'ils voulaient le suivre comme leur seul seigneur, le seul maître de leur existence. Cette décision les mettait dans une situation dangereuse : ils allaient devoir refuser de se conformer à la société dans laquelle ils vivaient, ils s'écartaient des coutumes religieuses en vigueur et contestaient la seule autorité de l'empereur.

Le premier martyr fut Etienne. Ses derniers instants sont relatés dans les Actes des Apôtres (Ac 7). Luc nous fait de lui le parfait disciple du Christ. Sa passion ressemble à celle de Jésus, jusqu'à l'expression du pardon en faveur des ennemis. La mort d'Etienne dégage la paix et le rayonnement : *Ils virent son visage comme le visage d'un ange* (Ac 6,15) ; il voyait déjà *les cieux ouverts et Jésus debout à la droite de Dieu* (Ac 7,55-56). Sa mort exprime la joie de se savoir sauvé et de demeurer dans la communion de son Sauveur.

Les récits des souffrances des premiers chrétiens sont bien connus. Je ne me complais pas dans la description de l'horreur des persécutions. D'ailleurs, là ne réside pas l'intérêt de ces récits. Ils font ressortir la force de la foi, la puissance et la joie qui habitent une existence qui s'abandonne entre les mains du Seigneur. Un abandon qui commence dans le quotidien, par la prière, l'amour du prochain, le service, l'entraide. Voici une exhortation de Cyprien († 258), évêque de Carthage, à l'occasion d'une épidémie : *Vous avez été persécutés par les païens. Et voici que vous êtes touchés par l'épidémie, comme les païens. Je sais que certains d'entre vous voudraient quitter la ville, mais je vous demande de prendre soin non seulement des chrétiens, mais aussi de vos ennemis les païens. Souvenez-vous du Sermon sur la montagne. Jésus nous dit d'aimer nos ennemis, d'aimer ceux qui nous persécutent.*[12]

Dans la suivance de Jésus réside la source du bonheur. Quelques années auparavant, l'évêque Irénée de Lyon († v.202) écrivait : *Suivre le Sauveur c'est avoir part au salut, comme suivre la lumière c'est avoir part à la lumière. (…) A ceux qui le servent et qui le suivent, Dieu procure la vie, l'incorruptibilité et la gloire éternelle. (…) Si Dieu sollicite le service des hommes, c'est pour pouvoir, lui qui est bon et miséricordieux, accorder ses bienfaits à ceux qui persévèrent dans son service. Car, de même que Dieu n'a besoin de rien, de même l'homme a besoin de la*

---

[12] Cit. in Alan Kreider, *Catéchèse, baptême et mission*, Charols, Excelsis, 2013, p.24-25.

communion de Dieu. Car la gloire de l'homme, c'est de persévérer dans le service de Dieu.[13]

Une vie en Christ est prête pour une mort en Christ. Une paix vécue au quotidien permet d'affronter dans la paix la souffrance et la mort. En renonçant à tout pour le Christ, les premiers chrétiens étaient prêts à tout affronter. L'histoire des martyrs de Lyon (en 177), qui nous est rapportée par l'évêque Eusèbe de Césarée († 340), est l'une des plus anciennes et des plus édifiantes : *Vettius Epaghatus, un des frères, possédait la plénitude de l'amour envers Dieu et envers le prochain, et sa conduite était si parfaite que, malgré sa jeunesse, il était digne du témoignage rendu au vieux prêtre Zacharie, car il avait marché dans tous les commandements et dans tous les préceptes du Seigneur d'une manière irréprochable (...). Ayant confessé sa foi d'une manière éclatante, Vettius fut aussi élevé au rang des martyrs : on l'appela le paraclet des chrétiens (...) ; il le manifesta par la plénitude de son amour, en se complaisant à prendre la défense de ses frères et à risquer sa propre vie. Il était et il est encore un authentique disciple du Christ, et il accompagne l'Agneau partout où il va.*[14]

L'histoire de la jeune Blandine est célèbre : *Restait la bienheureuse Blandine, la dernière de toutes, comme une noble mère qui a exhorté ses enfants et les a envoyés victorieux avant elle auprès du roi : elle parcourut elle aussi tous les combats de ses enfants et se hâta vers eux, pleine de joie et d'allégresse de son départ, comme si elle était invitée à un festin de noces et non pas jetée aux bêtes.*[15]

Emouvant est le témoignage de l'évêque Ignace d'Antioche († 110) dans les lettres qu'il rédige, alors qu'il est en route vers Rome où il doit subir le martyre : *Je ne veux pas que vous recherchiez la faveur des hommes. Essayez plutôt de plaire à Dieu (...). Ne m'offrez rien de plus que de me laisser répandre mon sang en libation pour Dieu. (...) Il est bon de se coucher loin du monde vers Dieu, afin de se lever en*

---
[13] Irénée de Lyon, *Contre les Hérésies*, IV, 14, 1. Traduction française par Adelin Rousseau, Paris, Cerf, 1985, p.446-447.
[14] Eusèbe de Césarée, *Histoire ecclésiastique*, V, 9-10. In collection *Sources chrétiennes*, n°41, traduction française par Gustave Bardy, Paris, Cerf, 1955, p.8-10.
[15] Ibid. V, 55 (p. 20-21).

lui.[16] *Je sais ce qui m'est utile. C'est aujourd'hui que je commence à être un disciple. Que nul créature, visible ou invisible, ne m'empêche de rejoindre Jésus-Christ.*[17]

Voici ce qu'on nous dit encore des sentiments du vieux Polycarpe de Smyrne († vers 155, ou 167) devant son juge : *Le courage et la joie l'animaient, et sur son visage rayonnait la grâce.*[18] Ce témoignage est le plus ancien récit de la mort d'un martyr. Il fut écrit sous le coup de l'émotion, sobrement, sans ce goût du merveilleux qui envahira plus tard le genre littéraire de l'hagiographie. Nous voyons à quelle paix du cœur conduit la volonté de suivre le Christ.

Cette force tranquille des premiers chrétiens s'est retrouvée dans l'histoire, quand une communauté chrétienne subissait la persécution. Mais le martyre en lui-même n'a généralement pas été défini comme une exigence qui appartiendrait à l'essence de l'Eglise chrétienne.

C'est pourtant ce qu'ont fait les anabaptistes. Selon eux, le monde ne peut que s'affronter à la véritable Eglise, comme il l'a fait jadis contre le Christ. Les ténèbres s'opposent à la lumière, le Royaume de Dieu aux royaumes de ce monde. Selon Menno Simons (v.1496-1561), la persécution est une marque de la véritable Eglise : *La vraie croix est une indication certaine de l'Eglise du Christ*[19] ; *elle se reconnaît par l'oppression et les tribulations au nom de la Parole du Seigneur*[20]. *L'Agneau est égorgé depuis la fondation du monde. (...) Si la Tête [= le Christ] dut supporter de tels tourments, de telles angoisses, misères et souffrances, comment ses serviteurs, ses enfants et ses membres imagineraient-ils attendre ici-bas la paix et la liberté dans la chair ?*[21]

Le conflit avec le monde indique au disciple qu'il est sur la bonne voie ; il ne doit pas s'en étonner. Au baptême intérieur du Saint-Esprit et au baptême d'eau,

---

[16] *Lettre aux Romains*, 2.1. In France Quéré, *Les Pères apostoliques*, Paris, Seuil, 1980, p.134.
[17] Ibid. 5.3 (p.136).
[18] *Le martyre de Polycarpe*, 12.1. In ibid. p.243.
[19] In *The Complete Writings of Menno Simons* (= *CW*), Scottdale, Herald Press, 1984, p.741.
[20] Ibid. p.743.
[21] Ibid. p.109-110. Traduction française in François Caudwell, *Découvrir le réformateur Menno Simons*, Charols, Excelsis, 2011, p.115-116.

certains anabaptistes ajoutaient la nécessité du baptême du sang[22]. C'est la conséquence du choix du chemin étroit, qui renonce au monde et accepte, si nécessaire, le conflit, voire la mort[23].

L'anabaptisme a suivi ce chemin, fort de ces convictions, répandues notamment par la lecture du *Miroir des Martyrs*[24] et les chants de l'*Ausbund*[25]. Le croyant doit posséder *la patience et la foi des saints* (hymne n°45 de l'*Ausbund*). Le martyre est un combat contre le prince de ce monde ; il conduit le croyant à la victoire par la foi. Les disciples du Christ seront toujours *comme des brebis au milieu des loups* (Mt 10,16).

La ferme assurance d'être sur le bon chemin, de se savoir uni au Christ jusque dans la souffrance et la mort, de demeurer entre les mains de Dieu, apportait aux martyrs anabaptistes une paix qui étonnait leurs adversaires. Le dominicain Jean Favre, de Heilbronn, s'interrogeait en 1550 : *Comment se fait-il qu'ils acceptent la mort aussi volontairement et joyeusement ?*[26] L'acceptation du martyre est une conséquence de la *Gelassenheit*. Elle ne devient possible que lorsque l'on a renoncé à sa volonté propre et accueilli joyeusement la volonté de Dieu[27].

De sa prison, en 1527, Michael Sattler (v.1490-1527) écrivait aux frères de Horb : *Dans de tels dangers, je me suis complètement abandonné à la volonté du Seigneur et je me suis préparé moi-même à la mort pour la cause de son témoignage*[28].

Voici encore le témoignage de George Wagner, la même année, sur le lieu de son exécution publique : *Il aurait été mauvais que je subisse la mort pour quelque chose que j'aurais confessé de la bouche, et non pas aussi dans mon cœur. Je crois*

---

[22] Cf. Robert Friedmann, *The Theology of Anabaptism*, Scottdale, Herald Press, 1973, p.138. A paraître prochainement en traduction française.
[23] Cf. Robert Friedmann, « Martyrdom, Theology of », *ME*, III, p.519-521.
[24] Présentation française in John S. Oyer & Robert S. Kreider, *Miroir des martyrs – Histoires d'anabaptistes ayant donné leur vie pour leur foi au XVIe siècle*, Cléon d'Andran, Excelsis, 2003.
[25] Le plus ancien recueil de cantiques anabaptistes, encore utilisé par les amish. Un grand nombre de ces hymnes furent rédigés par des martyrs dans l'attente de leur exécution.
[26] Cit. in R. Friedmann, *The Theology of Anabaptism*, op.cit. p.28.
[27] Robert Friedmann, « Gelassenheit », *ME* II, p.449.
[28] Cit. in Claude Baecher, op.cit. p.68-69.

vraiment ce que j'ai confessé. Le Christ est mon trésor. C'est lui que j'aime, c'est à lui que mon cœur appartient (...) Ce trésor, nul ne l'ôtera jamais de mon cœur. Aucune souffrance, aucune torture, ne pourra me détourner de lui. Je savais bien, dès le début, que j'aurais à porter la croix en le suivant.

Et encore, la défense de Claus Felbinger, exécuté en 1560 en Bavière : *Je suis sûr de ma foi,* dit-il devant son juge. *Grâce soit rendue à Dieu ! Je n'ai aucun doute : je suis sur le juste chemin. Je ne trouve pas d'erreur dans mon cœur, et j'ai l'assurance de reposer dans la vraie grâce de mon Dieu.*[29]

Une vie chrétienne façonnée par la suivance du Christ peut en affronter dans la paix les pires conséquences. Aujourd'hui encore, des enfants amish, éduqués dans la *Gelassenheit*, n'ont pas hésité à donner leur vie et à pardonner à celui qui voulait les exécuter. A Nickel Mines, le 2 octobre 2006, quand elle a réalisé que Charles Roberts avait l'intention de les tuer, une écolière amish, Marian, 13 ans, lui a dit : « Tuez-moi la première ». Elle espérait sauver les autres en prenant sur elle la colère de l'assassin.[30]

---

[29] Deux témoignages cités in R. Friedmann, *Theology of Anabaptism*, op.cit. p.30.
[30] Cf. Kraybill D.B., Nolt S.M., Weaver-Zercher D.L., *Amish Grace – How Forgiveness Transcended Tragedy*, San Francisco, Jossey-Bass, 2007, p.25. En français : *Quand le pardon transcende la tragédie – Les amish et la grâce*, Charols, Excelsis, 2014.
Cf. plus loin, notre seconde conférence, *Grandir dans la lumière*, p.35ss du présent livre.

III. La paix dans le renoncement: les Pères du désert, le renoncement à la volonté propre dans l'anabaptisme

Une vie plus facile favorise le relâchement de l'obéissance. A la fin du IIe siècle, Tertullien (v.155-v.222) écrivait que *le sang des martyrs est semence de chrétiens*. Inversement, la fin des persécutions a éloigné des exigences évangéliques. Quand l'empire romain devient soi disant chrétien, grâce à l'empereur Constantin (empereur de 306 à 337), le nombre de baptisés augmente, mais la proportion de disciples baisse.

Le lien entre l'Eglise et le pouvoir a considérablement accentué ce que Jacques Ellul (1912-1994) a appelé la *subversion du christianisme*. Avec la naissance d'une grave question, que cet auteur énonce ainsi : *Comment se fait-il que le développement de la société chrétienne et de l'Eglise ait donné naissance à une société, à une civilisation, à une culture en tout inverses de ce que nous lisons dans la Bible ?*[31]

Certains chrétiens, à l'époque, s'en sont aperçus. Une minorité, un *petit troupeau* (Lc12,32), selon la parole du Christ. Certains parleraient d'une « élite », estimant qu'il peut exister un christianisme à deux vitesses. Cependant, tout chrétien ne reçoit-il pas la vocation à devenir *sel de la terre* (Mt 5,13) et *lumière du monde* (Mt 5,14), dans la suivance de son Seigneur ? Augustin d'Hippone (354-430) rappelait cette exigence : *Obéissons maintenant, suivons le Seigneur ; brisons les entraves qui nous empêchent de le suivre.*[32]

Cette minorité a fait le choix de se retirer du monde, de vivre la pauvreté évangélique, de vaincre la chair et ses passions, pour appartenir entièrement au Christ. Le monachisme chrétien commence dans le désert d'Egypte avec Antoine

---

[31] Jacques Ellul, *La subversion du christianisme*, Paris, La Table Ronde, 2001, p.9.
[32] *Sur l'Evangile de Jean*, 34,8-9. In *La louange des jours*, Paris, Le Cerf, 1984, p.249.

(v.250-356) et Macaire († v.390). Il connaîtra un grand succès auprès des âmes éprises de perfection dans toute la chrétienté.

La vocation de saint Antoine est révélatrice : de famille noble et fortunée, *il songeait en lui-même, méditait en marchant comment les apôtres quittèrent tout pour suivre le Christ. (...) Le cœur occupé de ces pensées, il entra dans l'église. Il advint qu'on lut l'évangile et il entendit le Seigneur disant au riche : Si tu veux être parfait, va, vends tout ce que tu as et donne-le aux pauvres, et viens, suis-moi, tu auras un trésor dans le ciel. (...) Les biens qu'il avait de ses parents, (...) il en fit cadeau aux gens du village pour n'en être pas embarrassé. (...) Quant à lui, il fit l'apprentissage de l'ascèse devant sa maison, attentif à lui-même et s'astreignant une rude discipline.* [33]

La recherche du moine est la béatitude, dès maintenant, mais au prix d'un long et difficile combat spirituel. Suivre le Christ exige une mort à soi-même, afin d'obéir aux commandements de Dieu. L'ascèse veut être d'abord un chemin de liberté[34], car l'obéissance au Christ conduit à la vraie joie. La vie nouvelle dans le renoncement monastique doit mener au bonheur promis aux disciples du Christ.

Renoncer à son âme, écrivait l'évêque Grégoire de Nysse († v.394), *c'est ne jamais chercher à obéir à sa volonté propre, mais faire la volonté de Dieu (...) en lui obéissant comme à un bon pilote. C'est encore ne rien posséder, ne rien s'approprier de ce qui est commun. (...) On sera plus libre alors pour accomplir allégrement, dans la joie et l'espérance, ce qui est prescrit par les supérieurs, comme un esclave du Christ.*[35]

---

[33] Saint Athanase, *Vie et conduite de notre père saint Antoine*, traduction par Bernard Lavaud, Abbaye de Bellefontaine, Spiritualité orientale n°28, 1979, p.24.
[34] Voici par exemple le témoignage du grand ascète contemporain que fut le patriarche Athénagoras (1886-1972) de Constantinople : *Il faut mener la guerre la plus dure qui est la guerre contre soi-même... Il faut arriver à se désarmer. J'ai mené cette guerre pendant des années, elle a été terrible. Mais je suis désarmé. Je n'ai plus peur de rien, car « l'amour chasse la peur ». Je suis désarmé de la volonté d'avoir raison, de me justifier en disqualifiant les autres. Je ne suis plus sur mes gardes, jalousement crispé sur mes richesses... Je n'ai plus peur. Quand on n'a plus rien, on n'a plus peur. « Qui nous séparera de l'amour du Christ ? ».* In Olivier Clément, *Dialogues avec le patriarche Athénagoras*, Paris, Fayard, 1969, p.183.
[35] *Traité de la perfection chrétienne*, in *La louange des jours*, op.cit. p.1112.

Le renoncement monastique trouve son accomplissement dans la joie d'aimer librement, la joie de celui qui se sait sauvé : *Que rendrons-nous donc au Seigneur pour tout ce qu'il nous a donné ? Il est si bon qu'il ne demande rien en compensation de ses bienfaits : il se contente d'être aimé.*[36] L'amour entre frères, accomplissement des commandements, est la mise en œuvre de ce qui est *conforme à notre nature*[37], c'est donc la source de la vie véritable, de l'épanouissement, de la joie ! La vie monastique vise à *exciter l'étincelle de l'amour divin caché en nous*[38].

Il n'est pas possible d'évoquer tous les témoignages des premiers moines sur la joie de renoncer à tout pour ne trouver que le Christ. Je choisis de m'attarder un peu sur des Pères du désert, peu connus, mais qui méritent le détour.

Isaac de Ninive, ou Isaac le Syrien, né dans le Qatar actuel, fut un ascète et mystique qui vécut en Perse et mourut à la fin du VIIe siècle. C'est un moine très attachant, un chantre de l'amour de Dieu. La solitude du désert est pour lui le lieu de l'union à Dieu. Le désert n'est cependant qu'un moyen : *Personne ne peut s'approcher de Dieu s'il ne s'est séparé du monde. Mais j'appelle séparation non pas le départ du corps, mais le départ loin des affaires du monde.*[39] *L'âme qui aime Dieu ne trouve son repos qu'en Dieu. Détache-toi d'abord de tout lien extérieur, et efforce-toi ensuite de lier ton cœur à Dieu.*[40]

C'est en présence de Dieu seul, libéré de ses richesses et de sa volonté, que l'homme peut s'humilier et trouver la paix : *Plus il prie, plus son cœur se fait humble (…). Quand l'homme s'est fait humble, aussitôt la compassion l'entoure, et le cœur alors sent le secours divin. Il découvre que monte en lui une force, la force de la confiance.*[41]

---

[36] Saint Basile (de Césarée, 329-379), *Les règles monastiques,* introduction et traduction par Léon Lèbe, Maredsous, 1969, p.54.
[37] Ibid. p.55
[38] Ibid. p.49.
[39] Cit. in Hilarion Alfeyev, *L'univers spirituel d'Isaac le Syrien*, Abbaye de Bellefontaine, Spiritualité orientale n°76, 2001, p.77.
[40] Ibid. p.78.
[41] Cit. in Jean-Claude Larchet, *Thérapeutique des maladies spirituelles*, Paris, Cerf, 2007, p.662.

L'humilité se caractérise par le renoncement à la volonté propre et le fait de se rendre perméable à l'action de la volonté divine. Pour Isaac, *tout homme calme n'est pas humble, mais tout homme humble est calme*[42]. Nous sommes très proche de la *Gelassenheit* des anabaptistes : *Si tu crois que Dieu te garde en Sa providence, pourquoi t'inquiéter et te soucier des choses qui passent et des besoins de la chair ? (…) Porte sur le Seigneur ton souci, et Lui te nourrira. Nulle menace ne t'effraiera plus.*[43]

Le renoncement et cette recherche de l'humilité se retrouvent dans les propos pleins de saveur spirituelle de Jean de Gaza, qui vivait solitaire dans un monastère non loin de Gaza, devenu maître spirituel pour les moines et les laïcs de son voisinage (fin du Ve, début du VIe siècles) : *Si l'homme ne se désintéresse pas des biens de ce monde, il n'entrera pas dans la paix du Christ.*[44] *Si tu t'efforces de mourir aux hommes et d'obtenir tant soit peu d'humilité, tu pourras avoir la paix.*[45]

Pour le moine Dorothée de Gaza († entre 560 et 580), disciple du précédent, le repos de l'âme est donné à *ceux qui ne mettent pas leur confiance en eux-mêmes, mais s'en remettent de tout ce qui les concerne à Dieu et à ceux qui après Dieu les peuvent guider.*[46] Ce moine du désert, en cherchant Dieu, témoigne d'une proximité saisissante avec la *Gelassenheit* des anabaptistes. Il l'est dans son renoncement à la volonté propre, il l'est aussi dans sa foi tranquille en la bonté du Seigneur : *Tout ce qu'il fait est bon et très bon. Il ne faut donc pas s'inquiéter de ce qui arrive, mais, comme je l'ai dit, tout rapporter à la Providence de Dieu, et rester en repos.*[47]

Les conseils de Jean et de Dorothée de Gaza viennent de moines. Mais ils s'adressent aussi à des laïcs, ouvrant la possibilité de la paix du cœur à ceux qui vivent dans le monde : *Ce qui est nécessaire à tous, c'est le renoncement à la volonté*

---

[42] Ibid. p.706.
[43] Ibid. p.659.
[44] Barsanuphe et Jean de Gaza, *Correspondance*, Solesmes, 1993, p.483.
[45] Ibid. p.362.
[46] Ibid. p.265.
[47] Ibid. p.383.

propre pour accomplir la volonté de Dieu dans des dispositions d'amour filial et de parfait abandon.[48] 1000 ans plus tard, les premiers anabaptistes ne diront rien d'autre.

Pour les pères du monachisme, Le « détachement de soi se traduit par un renoncement à la volonté propre (…) que les Pères considèrent comme une caractéristique fondamentale de l'humilité (…). Il se traduit ainsi par l'absence de confiance en soi et la défiance à l'égard de son propre jugement (…) dont découlent une obéissance sans hésitation au Père spirituel, et dans les rapports avec autrui le renoncement à se justifier et à imposer son avis, l'abandon de tout esprit de contestation et d'opposition, le renoncement à contredire et même à discuter, et par conséquent une attitude souvent silencieuse. »[49] Il serait possible de reprendre presque mot pour mot cette analyse d'un spécialiste de la spiritualité patristique pour décrire les conséquences de la *Gelassenheit* chez les amish d'aujourd'hui.[50]

Les amish ont préservé cet héritage qui remonte aux débuts de l'anabaptisme. Hans Denck (v.1500-1527) affirmait : *Il n'y a pas d'autre moyen pour obtenir la bénédiction que d'abandonner sa volonté propre.*[51] Il s'agit d'une conséquence directe du désir de suivre le Christ, qui disait : *Si quelqu'un veut venir à ma suite, qu'il se renie lui-même et prenne sa croix et qu'il me suive* (Mc 8,34).

Menno Simons (v.1496-1561) l'explique clairement : *Il ne peut en être autrement*, écrit-il dans son traité intitulé « *La Croix des Saints* », *comme vous le savez bien : tous ceux qui veulent obéir et suivre Jésus-Christ, passer par la bonne porte, le Christ Jésus, et marcher sur le juste chemin qui mène à la vie éternelle, à la lumière du Christ, doivent commencer par renoncer à eux-mêmes de tout leur cœur et sacrifier tout ce qu'ils possèdent. Ils doivent se charger de la lourde croix de la pauvreté, de la détresse, du mépris, de l'affliction, de la tristesse. C'est ainsi qu'il leur faut suivre le Christ qui fut rejeté, proscrit, qui versa son sang et fut crucifié.*[52]

---
[48] Ibid. p.81.
[49] Larchet, op.cit., p.693-694.
[50] Cf. Kraybill, op.cit., p.60-61.
[51] Cit. in Friedmann, « Gelassenheit », *ME* II, p.448.
[52] *CW* p.583.

« Les premiers anabaptistes utilisaient le terme de *Gelassenheit* pour traduire l'idée de l'abandon et de l'oubli total de soi en Dieu, sans restriction aucune. »[53] Ils estimaient que « le Christ les appelait à renoncer à l'intérêt personnel et à suivre son exemple de souffrance, de douceur, d'humilité et de dévouement. »[54] L'épanouissement de l'homme restauré, né de nouveau, se trouve dans cet abandon de tout ce qu'il est entre les mains de Dieu. Tout remettre donne une force considérable dans les épreuves de la vie.

On trouve un exemple de cette force chez les jeunes martyrs houttériens de la prison d'Alcatraz. En 1918, alors que la première guerre mondiale touchait à sa fin, ils furent incorporés dans l'armée américaine. Refusant de porter armes et uniformes, et de servir la guerre d'une quelconque manière, ils furent emprisonnés et torturés dans la prison d'Alcatraz, près de San Francisco. Les deux frères Michael et Joseph Hofer ont succombé à leurs mauvais traitements.

Voici un extrait de la dernière lettre de Joseph (24 ans) à son épouse : *Que la grâce et la paix soient avec toi (...). Nous ne savons pas ce qu'il adviendra de nous. Seul Dieu, le tout puissant, sait si nous nous reverrons dans ce monde. Nous implorons Dieu avec ardeur : il nous a promis que pas un seul cheveu ne tomberait de notre tête sans sa volonté. Et si nous ne devions pas nous revoir dans ce monde, nous nous retrouverons dans l'autre monde.*[55]

Pour les amish, encore aujourd'hui, le renoncement à la volonté propre se concrétise dans la soumission à l'autorité de la communauté et dans une attitude paisible face aux événements de la vie, qui demeure entre les mains de Dieu. Le « renoncement, l'abnégation mènent à l'acquisition de cet état d'esprit qui débouche sur une personnalité heureuse, simple, calme, en paix avec Dieu, son prochain et soi-même. »[56]

---

[53] Lassabe-Bernard, op.cit., p.77.
[54] Kraybill, op.cit., p.61.
[55] Cit. in Duane Stoltzfus, « The Martyrs of Alacatraz », *Plough Quarterly*, été 2014, p.46.
[56] Lassabe-Bernard, op. cit. p.76.

Le renoncement trouve sa source dans la Bible (Mt 16,24). Cette attitude est à l'origine du mouvement monastique. Les moines et les mystiques l'ont transmise à la spiritualité de la fin du Moyen Age. Voici ce qui était enseigné aux âmes éprises de perfection, un siècle avant la Réforme : *Si tu sais te taire et souffrir, tu recevras le secours de Dieu. Il connaît le temps et la façon de te délivrer ; abandonne-toi donc à lui. C'est à lui de t'aider et te libérer de toute confusion.*[57]

La tradition s'est gardée dans les formes les plus exigeantes de l'anabaptisme, avec la certitude d'y trouver un chemin de bonheur : *Donnez tout à Jésus. Plus vous lui donnerez tout, plus son esprit vous remplira.*[58] *Si nous ne nous donnons pas totalement au Christ (...) nous ne trouverons jamais la totale liberté intérieure et la paix promises dans l'Evangile.*[59]

---

[57] *L'Imitation de Jésus Christ,* traduction de Dominique Ravinaud, Paris, Médiaspaul, 1992, p.70.
[58] J. Heinrich Arnold (1913-1982), *La voie du disciple*, Rifton, NY, The Plough Publishing House, 2011, p.11.
[59] Ibid. p.66.

IV. La paix dans la simplicité

Tout donner au Christ, cela consiste aussi à se libérer de l'attrait des biens matériels et à faire le choix d'une vie simple.

Dans le monachisme chrétien, ce choix s'est concrétisé par le vœu de pauvreté et, généralement, par la vie communautaire : *Qu'on s'applique avec grand soin à retrancher du monastère ce vice de la propriété. (...) Que tout soit commun à tous, ainsi qu'il est écrit ; que personne n'ait la hardiesse de faire sien aucun objet, pas même en paroles.*[60] Les moines s'inspiraient de l'exemple du Christ et des apôtres, ainsi que de la vie communautaire de l'Eglise primitive (Ac 2,44-45 ; 4,32).

Au cours du Moyen Age, les réformes monastiques prônaient une observance plus stricte de la pauvreté. Ce fut notamment le cas au sein des monastères cisterciens, qui se sont répandus dans toute l'Europe à partir du XIIe siècle. La pauvreté conduit à la vie nouvelle en Christ : *Ne craignons pas, frères : pauvres, écoutons le Pauvre recommandant aux pauvres la pauvreté. Il faut en croire son expérience. Pauvre il est né, pauvre il a vécu, pauvre il est mort. Il a voulu mourir, oui, il n'a pas voulu s'enrichir. Croyons donc la Vérité nous indiquant la voie vers la vie. Elle est ardue, mais elle est brève ; et la béatitude est éternelle.*[61]

Le christianisme médiéval fut agité par de nombreux mouvements spirituels qui mettaient en avant la pauvreté évangélique. L'idéal était de *suivre nu le Christ nu*, en mettant ses pas dans ceux du Seigneur. Parmi les mouvements dissidents de l'Eglise romaine, le plus célèbre est celui des *Pauvres de Lyon*, les Vaudois, né à la fin du XIIe siècle. Les premiers vaudois décidèrent de renoncer au monde, de donner aux pauvres tout ce qu'ils possédaient et « de vivre intégralement dans la pauvreté, insoucieux du lendemain et sans sollicitude pour les nécessités quotidiennes,

---

[60] *Règle de saint Benoît*, 33. In *Règles des moines*, Paris, Seuil, 1982, p.98-99.
[61] Isaac de l'Etoile (v.1100-1178), cit. in Philippe Baud, *La ruche de Cîteaux*, Paris, Cerf, 1997, p.225-226.

préoccupés seulement d'observer les conseils évangéliques »[62]. Cette simplicité a marqué le mouvement vaudois jusqu'à son adhésion à la Réforme en 1532.

Plus célèbre encore est le mouvement franciscain. François d'Assise (v.1181-1226) voyait dans la pauvreté un exemple du Christ et des apôtres à suivre, ainsi que la source du bonheur. Il « veut que ses frères (...) représentent la pauvreté du Christ, la revivent et la fassent revivre dans leur vie »[63].

Il disait : *Sachez mes frères que la pauvreté est le chemin privilégié du salut ; ses avantages sont innombrables, mais très peu les connaissent.* C'est grâce à elle que l'on jouit *avec plus de plénitude de toutes choses en Dieu.*[64] Cette pauvreté était poussée à l'extrême : *Ceux qui venaient pour recevoir la vie, tout ce qu'ils pouvaient avoir, ils le donnaient aux pauvres ; et ils se contentaient d'une seule tunique, rapiécée au dedans et au dehors, avec une ceinture et des braies. Et nous ne voulions pas avoir plus.*[65] Les premiers franciscains portaient la conviction que « la plénitude de Dieu ne se manifestera qu'à celui qui aura voulu vivre pauvrement dans l'espérance »[66].

L'anabaptisme, contrairement à la Réforme protestante qui se méfiait d'une valorisation des œuvres, est revenu à cet idéal de pauvreté et de simplicité. Non par principe – sauf chez les houttériens – mais comme une conséquence du choix des anabaptistes de vivre en disciples.

L'idéal d'une vie simple ne figure pas dans les premières confessions de foi anabaptistes. Mais il est lié à l'exigence de ne pas se conformer au monde et à rejeter ses convoitises. Une discipline des frères suisses, datée de 1525, donne le renseignement suivant : *Ils refusent les vêtements coûteux, la nourriture et les boissons coûteuses, ils s'habillent de vêtements grossiers et couvrent leurs têtes de*

---

[62] Jean Gonnet – Amedeo Molnar, *Les vaudois au Moyen Age*, Turin, Claudiana, 1974, p.56.
[63] *La Règle des Frères mineurs – Etude historique et spirituelle*, Paris, Editions franciscaines, 1961, p.154.
[64] Cit. in ibid.
[65] *Testament de saint François,* 16-17. In François d'Assise, *Ecrits, Sources chrétiennes* n°285, Paris, Le Cerf, 1981, p.207.
[66] *La Règle des Frères mineurs*, op. cit., p.156.

chapeaux de feutre larges. Toute leur manière de vivre est humble.[67] La conférence anabaptiste de Strasbourg, en 1568, exige des tailleurs la confection de vêtements simples et le rejet de tout ce qui pourrait favoriser l'orgueil. Menno Simons (v.1496-1561) disait : *Nous confessons, nous prêchons et ne recherchons nul autre royaume que celui du Christ, qui demeure pour l'éternité, au sein duquel il n'y a pas de place pour le luxe, la recherche de la beauté, l'or ou l'argent.*[68]

Cette simplicité s'est maintenue parmi les anabaptistes par le biais de leur vie rurale. Elle a marqué l'aspect de leurs habitations, leurs coutumes, leurs manières de vivre et de s'exprimer. Ils ont cherché à évacuer l'orgueil de leur existence. Pour les amish, « la modestie reflète l'humilité et la faiblesse – le véritable esprit de la *Gelassenheit* »[69]. Elle englobe tous les domaines de l'existence. « L'humilité est le baromètre de la *Gelassenheit* ».[70]

Le renoncement monastique à toute possession afin de remettre entièrement sa vie entre les mains de Dieu et de sa communauté se retrouve surtout chez les anabaptistes houttériens[71], qui ont la conviction que la communauté des biens est une marque de la véritable Eglise du Christ. Selon Peter Riedemann (1506-1556), les disciples du Seigneur *ne doivent rien posséder en propre mais en faveur de l'ensemble du corps, pour tous ses membres*[72]. Celui qui veut s'attacher au Christ et le suivre doit *renoncer à toute appropriation de la création et à toute propriété.*[73]

---

[67] Cit. in Harold S. Bender, « Simplicity », *ME* IV, p.529.
[68] Ibid.
[69] Kraybill, op. cit., p.72.
[70] Ibid. p.75.
[71] Et aussi, de manière très claire, au sein des Eglises-communautés du mouvement *Bruderhof*, qui tire en partie son inspiration des premiers houttériens : les membres promettent « de renoncer à toute propriété et de vivre simplement ». In The Bruderhof, *Foundations of our Faith & Calling*, Rifton (New-York), The Plough Publishing House, 2012, p.35.
[72] Cit. in François Caudwell, *Doctrine et vie des anabaptistes houttériens*, Charols, Excelsis, 2007, p.119.
[73] Ibid. p.120.

Le renoncement aux biens propres est une condition pour retrouver en soi l'image de Dieu : *Pour être renouvelé à l'image de Dieu, l'homme doit écarter de lui ce qui l'en éloigne, à savoir la possession et l'accaparement de la création. (...) Celui qui se libère de la création peut prendre possession de ce qui est juste et divin.*

Quand il en a pris possession, que c'est devenu son trésor, il ne dirige son cœur que vers cela et se dessaisit de tout le reste. Il n'accepte rien en propre.[74] La communauté des biens est l'expression du don entier de soi-même, à Dieu et aux frères ; c'est une victoire sur l'égoïsme. Elle représente « l'expression accomplie de la *Gelassenheit* anabaptiste, de l'humble et totale soumission à la volonté de Dieu, en renonçant à tout attachement »[75]. *Heureux, vous les pauvres,* disait le Seigneur : *le Royaume de Dieu est à vous.* (Lc 6,20)

---

[74] Ibid. p.120-121.
[75] Ibid. p.34-35.

V. La paix dans l'obéissance

La pauvreté n'est pas que matérielle. L'obéissance en est une forme plus intérieure: obéissance sans condition à la volonté de Dieu, qui s'est manifestée dans l'anabaptisme par un discipulat radical. Les premiers anabaptistes estimaient que les commandements du Christ, notamment ceux du Sermon sur la Montagne (Mt 5-7), étaient destinés à être mis en pratique. Quand Dieu ordonne, il donne les moyens d'obéir.

Concrètement, cette obéissance peut passer par la soumission à une autorité extérieure. C'est l'un des trois engagements monastiques : pauvreté, chasteté, obéissance. Dans le monachisme, elle se traduit par une soumission quasi-inconditionnelle à la volonté de l'abbé ou du supérieur. Elle s'ancre dans la plus ancienne tradition du désert, où le Père spirituel devait être obéi en toutes choses : *Celui qui veut être vraiment disciple du Christ n'a plus la moindre liberté de faire quoi que ce soit de lui-même.*[76] Le moine redevient un enfant devant un homme qui représente l'autorité de Dieu, un père qui est pour lui l'image du Père céleste[77]. *Si tu veux un commandement de moi pour ton salut et ta vie, acquiers une profonde humilité et l'obéissance en tout. Ce sont ces vertus-là en effet qui déracinent toutes les passions et font proliférer tous les biens.*[78] *Acquiers humilité, obéissance et soumission, et tu seras sauvé. Ne prononce aucune parole de contestation en disant : « Pourquoi ceci ? », « Quelle raison à cela ? », mais sois bien docile, surtout vis-à-vis de ton abbé, qui après Dieu a soin de toi, ayant reçu la charge de ton âme.*[79]

La Règle de saint Benoît (480-547) spécifie : *Le premier degré de l'humilité est l'obéissance accomplie sans retard. Elle est propre à ceux qui, n'ayant rien de plus cher que le Christ, mus par la pensée du service sacré qu'ils ont voué (...), dès*

---

[76] Jean de Gaza, in Barsanuphe et Jean de Gaza, op.cit. p.255.
[77] Ibid. p.27.
[78] Ibid. p.205.
[79] Ibid. p.220.

que le supérieur a commandé quelque chose, comme si Dieu lui-même avait donné l'ordre, ne sauraient souffrir de délai dans l'exécution.[80] L'obéissance apprend à renoncer à la volonté propre.[81] Mais la Règle précise aussi que *l'abbé ne doit rien enseigner, rien établir ou prescrire qui soit contraire aux préceptes du Seigneur*[82].

L'obéissance est une vertu biblique : *Vous veillerez à agir comme vous l'a ordonné le Seigneur votre Dieu, sans vous écarter ni à droite ni à gauche. Vous marcherez toujours sur le chemin que le Seigneur votre Dieu vous a prescrit, afin que vous restiez en vie et que vous soyez heureux.* (Dt 5,32-33) Dans le Nouveau Testament, elle reflète l'attitude du Christ lui-même, venu *pour faire la volonté de Celui qui l'a envoyé.* (Jn 6,38) Elle est la source du salut : *par l'obéissance d'un seul, la multitude sera rendue juste* (Rm 5,19). Le disciple de Jésus est appelé à lui obéir (Lc 6,47-48 ; Jn 15,14), et à se soumettre à ses autorités spirituelles : *Obéissez à vos dirigeants et soyez-leur dociles ; car ils veillent personnellement sur vos âmes* (He 13,17).

Le discipulat, dans l'anabaptisme, est donc inséparable de l'obéissance. Dès les débuts du mouvement, les assemblées ont rédigé des règles, dont l'une des plus anciennes est la Confession de Schleitheim (1527), comprenant une discipline préconisant l'exclusion éventuelle du membre fautif de la communauté. Le but de ces règlements était de définir une éthique individuelle et communautaire, et d'exprimer ce que pourrait être une existence accordée à la volonté de Dieu.[83] On les a rapprochés des règles monastiques.

Aujourd'hui encore, l'obéissance au règlement de la communauté (*Ordnung*) reste centrale pour les amish. Selon eux, la *Gelassenheit* inclut cette soumission, le fait de céder à une autorité supérieure, représentée par les parents, les plus âgés et les

---
[80] *Règle de saint Benoît*, 5, 1-4. In *Règles des moines*, op. cit. p.69.
[81] Ibid.
[82] Ibid. p.59.
[83] Cf. *ME*, V, p.662.

anciens de l'Eglise. « L'obéissance vient en tête dans la hiérarchie des valeurs amish »[84]. « L'obéissance aux règles de l'Eglise est la marque de l'obéissance intérieure à la volonté de Dieu »[85], exactement comme dans la tradition monastique. Un amish obéit à Dieu quand il renonce à son intérêt personnel pour le bien de sa communauté.

Pour Menno Simons (v.1496-1561), l'obéissance est une marque de la véritable Eglise du Christ : *Obéissance à la Sainte Parole, à savoir une vie chrétienne juste, qui est selon Dieu.*[86] Pour y parvenir, le rôle des conducteurs spirituels est essentiel. Menno Simons place les bergers du troupeau devant leurs responsabilités, tout en mettant en avant l'obéissance de leur troupeau : *Mes chers frères bien-aimés dans le Seigneur (...), conduisez-vous selon la vocation par laquelle vous avez été appelés et choisis par Dieu et sa sainte Eglise comme bergers et prédicateurs, afin que les saints soient édifiés par le ministère, pour l'édification du corps du Christ. Prenez soigneusement soin de vos brebis et veillez sur votre troupeau, l'exhortant en tout temps à l'amour, aux bonnes œuvres, comme le fit Paul, à porter de purs fruits et à l'amour de Dieu, en vue d'une existence irréprochable, dans l'humilité, la justice, l'amour, la paix, l'unité, la miséricorde et l'obéissance à toutes les paroles de Dieu.*[87]

Avant d'être une exigence disciplinaire, l'obéissance est une expression de la *Gelassenheit*. Pour évoquer la réalité nouvelle en Christ, Peter Riedemann (1506-1556) parle d'un « alliance d'adoption » : Dieu veut faire de nous ses enfants, et nous sommes appelés à vivre et obéir comme des enfants. L'obéissance est une conséquence de notre union au Christ : *Nous voulons Le laisser conduire toute notre vie... Ainsi ce ne sera plus nous, mais le Seigneur qui vivra en nous. Il accomplira toutes choses en nous.* L'obéissance devient en fait l'expression d'une liberté nouvelle, la liberté qui fut celle du Christ : le Seigneur veut *rassembler ceux qui*

---

[84] Kraybill, op. cit. p.70.
[85] Ibid.
[86] *CW* p.740.
[87] *CW* p.947.

appartiennent au Père pour les conduire à la liberté des enfants, afin qu'ils deviennent semblables et conformes à l'image du Christ dans l'obéissance au Père.[88]

Riedemann est ici très proche de la plus ancienne tradition monastique. Basile de Césarée (329-379) relevait trois formes d'obéissance, sachant que l'obéissance du moine, et plus largement de tout disciple du Christ, correspond dans l'esprit des grands spirituels, à la troisième forme : *Je distingue trois dispositions différentes qui nous portent inévitablement à obéir : ou bien nous nous détournons du mal par crainte du châtiment, et nous sommes dans la disposition de l'esclave ; ou nous poursuivons l'appât de la récompense en accomplissant les commandements pour l'avantage que nous en retirons, et ainsi nous ressemblons aux mercenaires ; ou enfin c'est pour le bien lui-même et l'amour de Celui qui commande que nous obéissons, heureux d'avoir été trouvés dignes de servir un Dieu si glorieux et si bon, et nous sommes alors dans la disposition des enfants.*[89]

Quand l'obéissance passe par une médiation humaine, qu'il s'agisse du supérieur d'un monastère, d'un abbé, d'un père spirituel ou d'un ancien d'une communauté anabaptiste, elle n'a de raison d'être que si elle exprime, en dernier ressort, une libre et joyeuse soumission à Dieu. La liberté dans l'engagement à la suite du Christ est primordiale. Elle s'exprime par la profession monastique, ou par le baptême d'adulte dans l'anabaptisme, auxquels nul ne saurait être contraint. Cet engagement, dans un cas comme dans l'autre, se fonde sur la décision de suivre le Christ en toutes choses et d'obéir aux commandements de Dieu.

Dans l'anabaptisme, le baptême est le signe d'une nouvelle naissance, en Christ. Désormais, le croyant *ne vivra plus pour lui-même, mais pour Dieu et son Eglise.*[90] Les premiers houttériens prononçaient cet engagement au moment de leur baptême : *Je m'engage entièrement pour Dieu. Je lui offre mes membres comme*

---

[88] In Caudwell, *Doctrine et vie...*, op. cit. p.20-21.
[89] Saint Basile, op. cit., p.37-38.
[90] Riedemann, in Caudwell, *Doctrine et vie...*, op. cit. p.31.

instruments pour son œuvre sainte, afin que désormais il puisse totalement œuvrer et agir en moi.[91]

Menno Simons écrit que ceux qui ont fait l'expérience de la nouvelle naissance *revêtent le Christ et témoignent de son Esprit, de sa nature et de sa puissance dans toute leur conduite. Ils craignent Dieu de tout leur cœur et ne recherchent dans toutes leurs pensées, leurs paroles et leurs œuvres rien d'autre que la louange de leur Dieu et le salut de leurs frères bien-aimés.*[92] *Ceux qui sont nés de Dieu avec le Christ, qui conforment leur faible existence à l'Evangile, qui se convertissent pour suivre l'exemple du Christ, pour écouter et croire sa sainte Parole, pour observer ses commandements qu'il nous a laissés et commandés clairement dans l'Ecriture, ce sont eux qui constituent la sainte Eglise chrétienne qui possède la promesse.*[93]

En définitive, il vaut donc mieux *obéir à Dieu plutôt qu'aux hommes*[94]. Cette obéissance inconditionnelle, cette vie dans l'amour du Christ, conduit à la joie de se savoir en Dieu, éternellement.

Le jeune Riedemann écrivait que celui qui est rempli d'amour *marche et demeure en Dieu et Dieu en lui (...). La lumière de Dieu l'a illuminé ; il en est entouré. Il marche dans la lumière de la grâce divine et aucune ténèbre ne l'enveloppera plus. Une grande lumière éclatante et éblouissante a illuminé son cœur. Gardé par le Saint-Esprit, il se sait assurément conduit à la paix des saints.*[95]

---

[91] Ibid. p.203.
[92] In Caudwell, *Découvrir le réformateur Menno Simons,* op. cit. p.89.
[93] Ibid. p.90.
[94] Ac 5,30. Ibid. p.215.
[95] Riedemann, première confession de foi de Gmunden (1529-1532), in François Caudwell, *Disciple du Christ, jusqu'au bout*, Saarbrücken, Croix du Salut, 2013, p.51.

Conclusion

Quelle pression dans tous ces propos ! Suis-je parvenu à vous déstresser en vous parlant de martyrs, de renonciation aux biens de ce monde, ou d'obéissance ? Je me suis situé dans une longue tradition de fidélité aux paroles du Christ, en croyant qu'à cette fidélité est assortie une promesse : *Heureux ceux qui écoutent la parole de Dieu et qui l'observent* (Lc 11,28). A la fin de son exigeant Sermon sur la montagne, Jésus disait : *Tout homme qui entend les paroles que je viens de dire et les met en pratique peut être comparé à un homme avisé qui a bâti sa maison sur le roc.* (Mt 7,24)

Les branches les plus traditionnelles de l'anabaptisme, notamment les amish et les houttériens, ont voulu conserver l'esprit primitif de la *Gelassenheit,* source de paix intérieure. Il me semble que cette attitude de renoncement et d'abandon a été quelque peu laissée de côté dans l'évolution ultérieure de la spiritualité mennonite, au profit de la *Nachfolge*, qui a privilégié la paix extérieure, le refus de la violence. Aucune allusion à la *Gelassenheit* dans la *Vision anabaptiste* de Harold S. Bender[96], par exemple.

Or la non-résistance au méchant est précisément l'un des aspects concrets de la *Gelassenheit* : une attitude d'humilité, de refus de puissance et de pouvoir, d'obéissance inconditionnelle au Christ et d'abandon entre les mains de Dieu. Le renoncement pour le Christ englobe tous les aspects de l'existence ; il conduit à *la paix de Dieu, qui surpasse toute intelligence* (Ph 4,7).

Est-ce que ça marche ? Les philosophies orientales ne seraient-elles pas plus faciles et plus efficaces pour trouver la paix intérieure ? Je suis pour ma part convaincu que le radicalisme biblique construit la paix à l'intérieur de l'homme, et entre les hommes.

---

[96] Cit. in *Vision et spiritualité anabaptiste,* op. cit. p.10-48.

Les amish se portent très bien au regard des indicateurs de qualité de vie. « Les taux de suicide et de maladie mentale chez les amish sont considérablement moins élevés que dans la société extérieure »[97]. Par leur modèle social et leur attitude paisible, ils semblent plus heureux que leurs concitoyens américains[98].

On peut faire la même remarque pour les houttériens : le taux de troubles mentaux y est « inférieur à celui des Etats-Unis en général »[99]. Chez eux, la vie communautaire favorise une *Gelassenheit* de tous les instants : « La paix est acquise par la perte de soi au profit du groupe ; c'est dans cet abandon et ce renoncement à toute réalisation privée que chacun puise sa force de vie. »[100]

Une constatation similaire vaut pour ce qui se vit dans les monastères. Un réalisateur de télévision, Olivier Delacroix, témoignait récemment de son émerveillement en rencontrant les religieuses bénédictines du monastère du Pesquié, dans l'Ariège : « Ce sont les personnes (…) les plus libres. C'est paradoxal pour des femmes qui vivent cloîtrées, non ? Délestées du superflu, elles rayonnent de tout leur être ».[101]

En lavant les pieds de ses disciples, le Fils de Dieu lui-même a donné la mesure de son humilité, de sa soumission ; il *les aima jusqu'à l'extrême* (Jn 13,1). Ce geste est d'ailleurs toujours pratiqué par les amish. La *Gelassenheit* qu'il exprimait de cette manière anticipait le don de lui-même entre les mains de son Père, pour le salut de tous. Il montrait en même temps à ses disciples un chemin ; il donnait un sens à leur existence : *C'est un exemple que je vous ai donné : ce que j'ai fait pour vous, faites-le vous aussi (…). Sachant cela, vous serez heureux si du moins vous le mettez en pratique.* (Jn 13,15.17)

Des frères et des sœurs ont trouvé la paix en suivant ce chemin, même dans les plus grandes détresses. Pourquoi pas nous ?

---
[97] Kraybill, op.cit. p.389.
[98] Ibid. p.394.
[99] Marie-Thérèze Lassabe-Bernard, *Les houttériens*, Paris, L'Harmattan, 2008, p.175.
[100] Ibid. p.121.
[101] In *Panorama*, septembre 2014, p.14.

Grandir dans la lumière :
la spiritualité de l'école amish [102]

Introduction

Le 2 octobre 2006, au matin, Charles Roberts gare son véhicule à proximité de la paisible petite école amish de Nickel Mines, en Pennsylvanie. Il a bien préparé son affaire. Les enfants viennent de rentrer en classe. Il pénètre dans l'unique salle de classe, fait sortir les garçons et l'institutrice, puis ligote les petites filles auxquelles il a ordonné de se mettre en ligne, par terre. Il ne cache pas ses intentions de leur faire du mal, puis de les tuer. Des enfants se mettent à prier.

L'une des plus jeunes, ne comprenant pas bien ce qu'il compte faire, ignorant les images de violence dont notre jeunesse est abreuvée par les médias, s'offre pour aider ses camarades. Les autres l'en dissuadent. Peu après, alors qu'elle réalise que Charles Roberts a l'intention de les tuer, une autre écolière, Marian, 13 ans, lui dit : « Tuez-moi la première ». Là encore elle espère sauver les autres en prenant sur elle la colère de l'assassin. Elle remplit en même temps son devoir de veiller sur les plus jeunes.[103]

Charles Roberts se suicide, après avoir massacré cinq petites filles amish, et laissé cinq autres avec de terribles séquelles. Cette épouvantable tuerie sera suivie, dans un court laps de temps qui a sidéré le monde entier, par le pardon des parents et de la communauté amish, exprimé à la famille du tueur. Les amish de Nickel Mines assisteront à ses obsèques et prendront soin de sa veuve et de ses enfants.

---

[102] Conférence donnée à Sainte-Marie-aux-Mines, à l'invitation de l'Association Française d'Histoire Anabaptiste et Mennonite (AFHAM), à l'occasion du 20ème Carrefour Européen du Patchwork, le 19 septembre 2014.
[103] Cf. Kraybill D.B., Nolt S.M., Weaver-Zercher D.L., *Amish Grace – How Forgiveness Transcended Tragedy*, San Francicso, Jossey-Bass, 2007, p.24-26. Traduit récemment en français : *Quand le pardon transcende la tragédie – Les amish et la grâce*, Charols, Excelsis, 2014.

Nous n'allons pas nous interroger sur les motivations de Charles Roberts. Nous savons que l'être humain est capable des pires abominations, et les amish, de par leur histoire, sont bien placés pour le savoir. Nous allons plutôt essayer de comprendre cette réaction spontanée de foi, d'abnégation, de don de soi, de la part de petites écolières. Comment une telle maturité spirituelle est-elle possible chez des enfants en âge de scolarité ?

On aurait pu penser que les pacifiques amish, et notamment leurs enfants, n'étaient pas préparés à affronter subitement autant de violence. Nous constatons au contraire qu'ils y sont mieux préparés que bien d'autres, et cela dès leur plus jeune âge ! Marian « avait déjà assimilé les habitudes de la *Gelassenheit*, si profondément ancrées en elle qu'elle a pu affronter la mort avec le courage qui fut celui de ces martyrs dont elle avait si souvent entendu les histoires »[104].

Notre système scolaire a la prétention de favoriser l'épanouissement et la liberté de l'enfant. L'éducation des amish leur apprend à offrir leur vie. Mais n'est-ce pas cela, la vraie liberté ? N'est-ce pas là le chemin de lumière que le Christ nous a enseigné ?

---

[104] *Amish Grace*, op. cit. p.112

I. La Gelassenheit

A. *Vivre en disciple: le projet anabaptiste*

Les communautés amish appartiennent au mouvement anabaptiste, né en Suisse en 1525. Les premiers anabaptistes ont réagi contre les compromissions des Eglises, aussi bien catholique que protestantes, avec le monde et l'Etat. Selon eux, les paroles de Jésus s'adressent à tous, même les plus exigeantes, comme le Sermon sur la Montagne (Mt 5-7). Si Jésus nous appelle à vivre dans la sainteté, dans la pauvreté, le refus de toute violence et l'amour des ennemis, c'est qu'il estime que nous en sommes capables. Il donnera à ceux qui le suivent les moyens de marcher avec lui et, au besoin, de porter leur croix.

Le baptême n'est donc plus le signe d'une grâce à bon marché. Il devient, pour les anabaptistes, l'engagement à devenir disciple du Christ, jusqu'à la mort. Ce qui rend possible une telle décision, c'est l'œuvre du Saint-Esprit, par la « nouvelle naissance »[105]. Il ne s'agit pas forcément d'une expérience sensible. La nouvelle naissance est une décision existentielle, une conversion ontologique.

Dans le baptême, les croyants s'engagent à changer radicalement leur vie. *Ils attestent puissamment leur foi et déclarent qu'ils veulent désormais vivre, non pas selon leur propre volonté, mais selon la volonté de Dieu. Pour rendre témoignage à Jésus, ils sont prêts à renoncer à leurs maisons, à leurs possessions, à leur pays et à leur vie pour lui, à subir la faim, la misère, l'oppression, la persécution, la croix et la mort. Oui, ils veulent ensevelir la chair avec ses désirs et ressusciter avec le Christ pour une vie nouvelle.*[106]

Le nouveau baptisé n'a plus qu'un seul désir : que le Christ vive en lui[107]. Il ne se préoccupe plus de lui-même ; il laisse sa vie être dirigée par la Parole de Dieu. Son existence est déterminée par l'amour, le service, la soumission, l'acceptation de la

---
[105] Cf. Caudwell F., *Découvrir le Réformateur Menno Simons*, Charols, Excelsis, 2011, p.15.
[106] Menno Simons (v.1496-1561), in ibid. p.134.
[107] Cf. Ga 2,20

souffrance s'il le faut. Mais elle est remplie d'une ferme espérance : *Si nous mourons avec le Christ, avec lui nous vivrons. Si nous souffrons avec lui, avec lui nous régnerons.*[108]

Très tôt, au sein de l'anabaptisme, ce renoncement à soi-même a été traduit par un mot allemand : la *Gelassenheit*. Elle exprime l'attitude du disciple qui remet entièrement sa vie entre les mains de Dieu. Son expression la plus profonde se rencontrait chez les premiers martyrs du mouvement. Ainsi Michael Sattler, pouvait-il écrire en mai 1527 depuis sa prison : *Dans ce danger, je me suis entièrement donné à la volonté de Dieu, et... je me prépare même à la mort pour lui rendre témoignage.* Ou Hans Haffner, vers 1534 : *Quand nous prenons vraiment conscience de l'amour de Dieu, nous sommes prêts à tout abandonner au nom de l'amour, même ce que Dieu nous a donné.*[109]

La *Gelassenheit* peut se traduire par *renonciation* ou *soumission*. C'est le choix de s'en remettre au Christ, et donc de se soumettre aussi aux autres. Obéir au Christ implique d'abandonner la volonté de se défendre ou de se justifier[110]. Cela induit toute une série d'attitudes complémentaires : résignation, obéissance, humilité, soumission, simplicité... Il s'agit d'un processus « dans lequel l'effort individuel est mis au service des autres, à l'exemple du sacrifice du Christ et des martyrs anabaptistes »[111].

Abandonner sa volonté propre pour s'en remettre à la volonté de Dieu façonne une personnalité, un style de vie. C'est un chemin de paix intérieure, qui accepte les divers aspects de l'existence comme des dons de Dieu, qui garde l'assurance de marcher dans la vérité en demeurant fidèle aux paroles du Christ. En cela, la *Gelassenheit* se démarque du fatalisme. Car elle impose des choix décisifs, chaque jour, pour renoncer à toute affirmation de soi, prétention ou violence.

---

[108] 2 Tm 2,11-12
[109] Cit. in Friedmann R., « Gelassenheit », in *Mennonite Encyclopedia*, II, p.449. La *Mennonite Encyclopedia* est disponible sur internet : www.gameo.org
[110] *Amish Grace*, op.cit., p.100-101.
[111] Lassabe-Bernard M.-Th., « L'enseignement moral des Amish défini par la Gelassenheit », *Vision et Spiritualité anabaptistes, Les Dossiers de « Christ seul »*, n°4/2001, p.76.

Comprendre la *Gelassenheit* offre une clef pour entrer dans l'univers amish.

B. La Gelassenheit *chez les amish*

Le mouvement amish est né à Sainte-Marie-aux-Mines en 1693. Un responsable de la communauté anabaptiste, un « ancien », Jacob Amman, avait réagi avec rigueur contre certaines compromissions apparues au sein du mouvement, notamment en Suisse et en Alsace. Nous n'entrerons pas dans les détails. L'attitude intransigeante de Jacob Amman ne reflétait pas précisément la douceur qui émane désormais de la *Gelassenheit* amish. Ces derniers, quand ils revisitent leur passé, s'en étonnent.

Chez les amish, la *Gelassenheit* s'exprime par le verbe *uffgewwe*, en allemand de Pennsylvanie, qui correspond à l'allemand *aufgeben* – ou *to give up* en anglais –, et que l'on peut traduire par *renoncer, abandonner, céder*. Il s'agit donc de renoncer à soi-même, d'abandonner sa volonté propre, pour céder aux autorités supérieures : à celle de Dieu en premier – on cède à la providence, « sans tenter de changer ou d'influencer l'histoire » et on s'engage à obéir aux paroles du Christ –, puis à celle de l'Eglise, des responsables, des parents, de la communauté, de la tradition[112]…

Par son baptême, un amish adulte s'engage à accepter les règles de sa communauté ecclésiale avec l'état d'esprit qu'elles impliquent. « L'obéissance vient en tête dans la hiérarchie des valeurs amish »[113]. Elle s'exprime notamment par la soumission volontaire à l'*Ordnung*, la discipline communautaire. L'*Ordnung* réglemente de nombreux aspects de la vie individuelle : de l'habillement au refus de l'électricité ou de l'automobile. Il est régulièrement réévalué par les responsables tout

---

[112] Cf. Kraybill D.B., *Les Amish, une énigme pour le monde moderne*, Exclesis, Cléon d'Andran, 2004, p.60-61.
[113] Ibid. p.70.

en restant très fidèle aux traditions – et peut sensiblement varier d'une communauté à l'autre[114].

L'*Ordnung* exprime une stricte séparation d'avec le monde, protège la vie communautaire contre l'individualisme et favorise un style de vie simple. Nous pouvons comprendre le refus de la télévision ; nous avons davantage de difficultés à saisir les réglementations concernant le nombre des bretelles ou la forme du chapeau. Laissons de côté ces détails, pour ne retenir que l'essentiel : « suivre l'*Ordnung* (…) relève d'un rituel sacré qui symbolise l'obéissance fidèle aux vœux du baptême, à l'ordre de la communauté et à la volonté de Dieu.»[115]

La soumission à l'*Ordnung* n'est possible que grâce à une attitude de renoncement ancrée dès l'enfance. C'est une expression concrète de la *Gelassenheit*. « Le renoncement, l'abnégation, mènent à l'acquisition de cet état d'esprit qui débouche sur une personnalité heureuse, simple, calme, en paix avec Dieu, son prochain et soi-même ».[116]

La *Gelassenheit* trouve une expression plus cachée, plus intérieure, dans une manière plus générale de concevoir l'existence et de vivre sa foi chrétienne. Jours après jours, elle est façonnée dans le cœur du croyant amish par la prière du Notre Père – *que ta volonté soit faite* –, ou par les cantiques de l'*Ausbund*, l'un des plus vieux recueils en usage dans le monde, qui reprend bon nombre de prières des martyrs anabaptistes du XVIe siècle :

Tu es fidèle, Seigneur, de même chacun doit te servir fidèlement (cantique 41) ;

Celui qui veut être un vrai chrétien, ô mon frère, doit revêtir le Christ, et devenir semblable à l'humilité de sa condition sur cette terre (cantique 32) ;

J'ai abandonné ma volonté dans la volonté du Seigneur (cantique 23)[117]…

---

[114] Cf. ibid. p.151ss.
[115] Ibid. p.156.
[116] Lassabe-Bernard, op.cit. p.76.
[117] *Ausbund, das ist : Etliche schöne Lieder...* 13. Auflage, Verlag von den Amischen Gemeinden in Lancaster County, Pennsylvanie, 1981, p.233, 197, 143.

Dans le quotidien, la *Gelassenheit* s'exprime par le service mutuel, l'entraide, le respect, la modestie, le refus de la riposte, l'acceptation confiante des événements de la vie. Cette attitude s'acquiert au fil des années, elle se fortifie par les relations et l'expérience. Mais il est étonnant de la découvrir déjà, plus qu'en germe, chez les enfants amish.

II. Une éducation spirituelle

A. Dans la famille et la communauté

L'éducation proprement religieuse d'un enfant amish ne passe pas par l'école. Elle se déroule dans la famille, et par sa participation aux événements communautaires. Une bonne éducation, selon les amish, consiste à « favoriser l'humilité, une vie simple et la soumission à la volonté de Dieu »[118].

Les parents sont responsables de l'éducation de leurs enfants. Ils portent la responsabilité, devant Dieu, de leur enseigner ce qui est juste et ce qui est mauvais. Pour les enfants, l'obéissance aux parents est une vertu fondamentale.

Dans sa famille, l'enfant apprend à connaître Dieu à travers les récits de la Bible, les chants, la prière ou des histoires. Il est familiarisé avec celles de ses ancêtres anabaptistes, tirées du *Miroir des Martyrs*, un livre présent dans la plupart des foyers, édité en 1660, qui relate les souffrances des martyrs chrétiens depuis le Nouveau Testament jusqu'aux persécutions contre les anabaptistes[119].

Les enfants sont initiés aux valeurs de la *Gelassenheit* : « Les parents leur apprennent que leur volonté personnelle doit être abandonnée s'ils veulent faire partie de la famille de Dieu. La grande taille des familles amish leur enseigne à partager et à attendre leur tour. (…) L'enfant doit apprendre la patience, l'obéissance et la soumission ».[120] Il comprend la valeur du travail et de l'entraide à la maison, au jardin, dans les champs.

« La formation des enfants enracine l'obéissance dans les actes de la routine quotidienne, de façon à ce qu'elle devienne une attitude normale. »[121]

---

[118] Hostetler J.A., *Amish Society*, Baltimore, 1993, p.171.
[119] Version abrégée en français : Oyer J.S et Kreider R.S., *Miroir des martyrs. Histoires d'anabaptistes ayant donné leur vie pour leur foi au XVIe siècle*, Cléon d'Andran, Excelsis, 2003.
[120] Lassabe-Bernard, op.cit. p.84.
[121] Kraybill, op.cit. p.70.

L'environnement dans lequel grandit l'enfant lui apprend la douceur, le calme, le respect ; c'est ainsi qu'il se prépare à sa vie future d'adulte amish. Il doit respecter toute autorité, qu'il s'agisse des parents, des enseignants ou des dirigeants de l'Eglise.[122] « Les visiteurs des maisons amish notent souvent combien les enfants sont doux et calmes »[123].

Les liens avec la communauté se vivent dans la famille ou le voisinage proche. Occasionnellement, dans la préparation, avec les parents, de la salle ou de la grange qui accueillera le dimanche suivant le culte communautaire.

Ce culte est long – 3 heures. Il se déroule en allemand. Progressivement, l'enfant se familiarise avec cet espace sacré, cette langue et ce temps mis à part pour le Seigneur, dans le silence, l'écoute, le respect, l'apprentissage des vieux cantiques de l'*Ausbund* :

Seigneur, dans la richesse de ta grâce, garde-nous, qui sommes tes enfants. Que rien ne nous éloigne de toi, nous qui nous sommes donnés à toi. Prends soin de nous, pour que rien ne nous fasse trébucher. Conduis-nous par ta main droite dans ton pays promis, l'éternel Royaume des Cieux. »[124]

Ces cantiques évoquent une foi ferme, même dans la souffrance, le courage d'être différent dans un monde hostile, l'entraide, le pardon des offenses, l'amour fraternel : *Celui qui aime est né de Dieu, car Dieu est amour. Ainsi se comportent ceux que Dieu a choisis. L'amour ne fait jamais de tort, il pratique ce qui est bien. En tout temps, il se tient prêt pour la louange et l'honneur de Dieu. Il ne fait aucun mal à son prochain, ainsi que Paul nous le fait savoir. A tout instant, il est prêt à bien respecter son frère. Il est pacifique, amical. Il ne se met pas en colère. Il ne commet ni tromperie ni mensonge, mais recherche le bien de tout son cœur.* [125]

Les jeunes amish recevront une instruction religieuse plus poussée quand ils auront décidé de demander le baptême. L'âge du baptême se situe entre 16 et 20 ans.

---
[122] Ibid. p.187.
[123] Ibid. p.65.
[124] Cantique 33, in *Ausbund...*, p.200.
[125] Ibid. cantique 87, p.454.

Ils suivront alors des cours d'instruction religieuse avec leurs ministres du culte. La base de l'enseignement est *La Confession de foi de Dordrecht*, commune à beaucoup d'anabaptistes et datant de 1632. Ils sont aussi initiés à la discipline de l'*Ordnung*[126], aux conditions requises pour s'engager dans la communauté amish.

B. A l'école

Peter Riedemann (1506-1556), l'un des dirigeants de l'anabaptisme primitif, exposait la conception de l'éducation à l'école qui avait déjà cours au tout début du mouvement, du moins chez les houttériens :

Nous apprenons à nos enfants, par une pieuse éducation, à connaître Dieu depuis leur jeunesse (…). Le maître d'école les instruit toujours davantage dans la connaissance de Dieu, afin qu'ils reconnaissent Dieu et sa volonté, et qu'ils apprennent aussi à pratiquer sa volonté et à la garder. (…) Le matin, quand ils arrivent tous à l'école, il les invite à rendre grâce et à prier le Seigneur (…). Ensuite il leur représente de quelle manière ils doivent obéir à leurs parents, leurs maîtres et leurs supérieurs, leur être soumis et les respecter. (…) Partant de l'obéissance due aux parents, il leur enseigne l'obéissance due à Dieu ainsi que le respect de sa volonté (…). Dès leur jeunesse, nous apprenons ainsi à nos enfants à ne pas rechercher ce qui est périssable, mais ce qui est éternel. [127]

On peut dire que l'école amish suit le même objectif, quoique de manière moins formelle. Une école amish comprend, dans une seule classe, une trentaine d'élèves de 6 à 15 ans. Les enfants y apprennent les matières élémentaires, principalement l'orthographe, la lecture, l'écriture, la grammaire, le calcul, l'anglais,

---

[126] Kraybill, op.cit. p.157.
[127] Peter Riedemann, *Rechenschaft* de 1540-1541, in Caudwell F., *Doctrine et Vie des Anabaptistes houttériens*, Charols, Excelsis, 2007, p.156-157.

l'allemand, avec une initiation à des notions plus générales (histoire, géographie, hygiène...)[128].

Ils reçoivent les bases qui leur seront nécessaires pour mener une vie simple d'agriculteur, d'artisan ou d'ouvrier, sans aucune ambition d'études supérieures[129] – interdites par l'*Ordnung*. Mais l'essentiel, dans l'école, est surtout de conduire l'enfant à une vie de foi et de simplicité. Comme à la maison, l'enfant intègre à l'école un apprentissage des valeurs fondamentales de renoncement et d'obéissance.[130]

Etonnamment, l'école amish ne dispense pas d'enseignement religieux. « Enseigner la religion en tant que sujet scolaire l'objectiverait et ouvrirait la porte à l'analyse critique »[131]. C'est au sein de la famille et de l'Eglise que l'enfant apprend les linéaments de la foi chrétienne. « Seuls ceux qui ont été ordonnés par Dieu peuvent expliquer les Ecritures à une assemblée. Les parents enseignent leurs enfants dans le cadre de la famille, mais ils n'enseignent pas les enfants d'autres familles. »[132]

Pourtant, toute la journée d'école baigne dans la lumière de l'Evangile et contribue à conduire les enfants dans une vie de disciples du Christ. L'école n'offre aucune catéchèse, elle éveille à la foi par le comportement, l'exemple et l'attitude devant Dieu.

Dans ce but, le choix de l'enseignant est fondamental. Il s'agit généralement d'une jeune femme célibataire. On devient maîtresse d'école entre 16 et 20 ans.[133] La communauté la choisit en fonction de ses compétences et de ses aptitudes

---

[128] Cf. Légeret J., *L'Enigme amish*, Genève, Labor et Fides, 2000, p.130.
[129] L'enseignement supérieur symbolise la prétention, une connaissance empreinte d'orgueil et de désobéissance à Dieu. « C'est l'exemple même de l'abandon du chemin modeste et du service fidèle de la communauté ». Cf. Hostetler, op.cit., p.247-248.
[130] Cette spécificité de l'éducation amish a même été reconnue par un arrêt de la Cour Suprême des Etats-Unis, les autorisant à posséder leurs propres écoles (15 mai 1972) : « *La société amish met en avant le savoir par la pratique, une vie de « bonté » plutôt que de connaissance technique, le bien-être de la communauté plutôt que la compétition* » : cit. in Nolt S., *Histoire des Amish*, Charols, Excelsis, 2010, p.268.
[131] Kraybill, op.cit. p.224.
[132] Hostetler, op.cit. p.182.
[133] Cf. Rolland-Licour A., *Les Amish*, Paris, Michalon, 1996, p.62.

pédagogiques, mais aussi en considérant son comportement de « bonne chrétienne »[134] et son identification avec le mode de vie amish. Elle doit devenir un exemple pour les enfants, enseigner par toute sa vie[135].

Elle n'a pas d'autre formation que l'enseignement élémentaire qu'elle a elle-même reçu au sein de la communauté, auquel s'est ajoutée une période d'apprentissage de trois ans, et des contacts entretenus avec d'autres institutrices. Son devoir est de perpétuer les valeurs amish, et particulièrement la *Gelassenheit,* auprès des enfants, autant que de leur apporter les connaissances élémentaires.[136]

L'école amish comprend une pièce unique dans laquelle sont regroupés les huit niveaux scolaires. « Imaginons un seul instant un enseignement s'étalant du cours préparatoire à la quatrième, et ce dans un même lieu clos ! »[137] La trentaine d'élèves est issue d'un nombre restreint de familles, souvent apparentées. Ce seul aspect contribue à renforcer « les liens de continuité nécessaires à la durabilité et stabilité de la communauté »[138].

Dans ce cadre protégé, en présence d'une autorité représentée par l'institutrice[139], l'enfant apprend à vivre dans la lumière de la foi, non par l'enseignement, mais par une relation naturelle, avec Dieu et avec les autres. Cet apprentissage prend les aspects suivants :

1. La prière : La journée d'école commence toujours par une lecture de la Bible, la récitation du Notre Père, debout, et un chant. Aucun commentaire n'est ajouté.[140] Mais l'école débute par un acte de foi : Dieu est le premier servi. Cette foi imprégnera l'ensemble de la journée, pendant les leçons et les jeux.

---

[134] Légeret, op.cit., p.124.
[135] Hostetler, op.cit. p.184.
[136] Cf. Kraybill, op.cit. p.227-228.
[137] Rolland-Licour, op.cit. p.44.
[138] Ibid.
[139] « La parole de l'enseignant fait autorité et doit être obéie » : Kraybill, op.cit. p.70.
[140] « Les amish voient d'un œil critique les élèves qui mettent en avant leur connaissance de la Bible en citant fréquemment des passages des Ecritures. C'est considéré comme une forme d'orgueil » : Hostetler, op.cit. p.182.

Dans beaucoup d'écoles, on chante encore un chant et on prend le temps d'une prière en silence avant le temps du repas. Les enfants apprennent des versets bibliques en allemand.

2. Les histoires et les chants : Les livres utilisés pour raconter des histoires ou pour apprendre à lire dans les écoles amish sont soigneusement sélectionnés. Ils font l'éloge d'une vie simple, rurale et offrent aux enfants des exemples de fermeté dans la foi, de non résistance[141], de pardon.

Les enfants connaissent des récits extraits du *Miroir des Martyrs*, la plus célèbre histoire étant celle de Dirk Willems († 1569) :

Dirk fut *arrêté, jugé et, déclaré coupable d'anabaptisme. Il put s'échapper d'un palais résidentiel transformé en prison, en se laissant glisser par une fenêtre avec une corde faite de chiffons noués les uns aux autres, il atterrit sur la glace qui couvrait les douves du château. Un garde du palais, le voyant s'enfuir, le poursuivit. Dirk passa sain et sauf sur la fine couche de glace d'un étang, le Hondegat. Les maigres rations alimentaires de la prison avaient réduit son poids. Mais la glace céda sous son poursuivant, plus lourd. Quand il entendit le garde crier à l'aide, Dirk revint sur ses pas et le sauva. Le garde, plus qu'ingrat, arrêta Dirk et le ramena en prison. (…) Peu de temps après, on le conduisit au bûcher.* [142]

La vie dans la nature, la localisation de l'école en pleine campagne, entourée de fermes, contribue à conduire les enfants vers une vie simple, proche de la terre, capable de louer Dieu pour sa création.

On chante beaucoup dans les écoles amish. L'*Ausbund* peut être utilisé. Les chants invitent à la piété, à l'humilité, à l'adoration. Voici l'un des chants interprété par les enfants de Nickel Mines, le jour de la tuerie :

Pense, ô homme !, au dernier jour,

Pense à ta mort,

---

[141] Telle l'histoire de Jacob Hochstetler et de sa famille, qui refusa de prendre les armes contre les indiens qui attaquaient sa ferme : cf. *Amish Grace*, op.cit. p.103.
[142] *Miroir des Martyrs*, op.cit. p. 38-39.

Car la mort est souvent très proche ;

Qui est aujourd'hui vigoureux et fort,

Peut demain, ou plus tôt,

N'être plus... [143]

Et un autre cantique du XVIIe siècle, chanté par les mêmes enfants :

C'est dans la douce solitude,

Que tu trouveras ta louange,

Dieu puissant, écoute-moi,

Car mon cœur te cherche.

Tu ne changes pas,

Jamais inactif et pourtant au repos.

Tu suscites les saisons,

Et les amènes au temps voulu. [144]

Pendant la période de Noël, il arrive que les enfants chantent la ritournelle *JOY* sur l'air de *Jingle Bells* :

J-O-Y, J-O-Y / J-O-Y for Joy / Jesus first / Yourself last / And Others in between. [145]

Cette devise scolaire est très répandue : Jésus est premier, tu es dernier, les autres sont au milieu. Elle exprime la *Gelassenheit*, comme cet autre poème d'écolier :

Je dois être un enfant chrétien / Doux, patient, docile et clément / Je dois être honnête, simple, vrai / Dans mes paroles et mes actes également. / Je dois obéir avec joie / Abandonner ma volonté et mon désir[146].

3. L'attitude de l'enseignant : L'ambiance de travail que l'enseignant fait régner dans sa salle de classe est pour beaucoup dans l'apprentissage d'une vie dans

---

[143] Cit. in *Quand le pardon...*, op. cit. p.33
[144] Ibid. p.34.
[145] *Amish Grace* p.115.
[146] Cit. in Kraybill, op.cit. p.65-66.

la foi. Avant de retrouver ses élèves, l'institutrice peut commencer par prier. Par exemple :

> *Aide-moi, Seigneur, à comprendre chaque enfant. Aide-moi à voir en chacun d'entre eux une âme précieuse et chérie ; et puis-je conduire cet enfant sur de merveilleux chemins et non des chemins obscurs... Aide-moi à enseigner avec ta patience et ta sagesse afin qu'il découvre la vérité de ta parole et la merveille de ton amour. Cher Père, comme il s'en remet à moi pour le mettre sur le chemin de la vérité chrétienne, je me tourne vers toi et te demande humblement de guider aussi mes pas.* [147]

La personnalité de l'enseignant, imprégnée des valeurs amish, contribue à les transmettre. Des observateurs ont noté le ton de la voix, qui dénote douceur et affection, la relation quasi maternelle de la maîtresse[148] avec les enfants et l'ambiance familiale dans la salle de classe, où tous – enseignant compris – sont nommés par leur prénom.

Récompenses et encouragements sont utilisés de préférence aux punitions, afin de « favoriser l'humilité, le pardon, la reconnaissance de son erreur, la sympathie, la responsabilité et l'évaluation du travail. »[149] Un problème disciplinaire est réglé de préférence en privé ; on peut demander à un enfant de s'excuser devant la classe. « Les instituteurs ne cherchent jamais à rabaisser leurs élèves, à se moquer d'eux ou à les ridiculiser pour les discipliner. Ils essaient de faire comprendre à l'enfant fautif son erreur et accepter de bon cœur la punition parce qu'elle est méritée. »[150]

Les petites phrases que l'institutrice adresse aux enfants et qui ponctuent la journée d'école sont autant de rappels des préceptes de l'Evangile : *« Sois gentil »*,

---

[147] Cit. in Rolland-Licour, op.cit. p.67-68.
[148] Voici par exemple, le mot écrit par une maîtresse sur le tableau noir, juste avant le départ des enfants pour les vacances d'été : *« Chers élèves, Nous avons travaillé ensemble toute l'année et nous avons passé de très bons moments dans cette école. J'en suis ravie. J'aime chacun d'entre vous, je chéris chacun de vos cœurs d'enfants et vous aurez toujours une place à part dans mon cœur. Je veux tous vous remercier pour votre travail et votre amour. Que Dieu vous bénisse. Mais il est temps de dire au revoir et de se quitter. Je vous remercie du fond du cœur de votre gentillesse. Qu'aucun de nous n'oublie, alors que cette année s'achève, que tant que nous vivrons, nous serons toujours amis. »* : cit. in Rolland-Licour, op.cit. p.132.
[149] Hostetler, op.cit. p.173.
[150] Ibid. p.186.

« *Pardonne* », « *Aimez-vous les uns les autres* »[151]... L'enseignement biblique est clair et se fonde sur la règle d'or enseignée par Jésus à ses disciples : « *Ce que vous voulez que les hommes fassent pour vous, faites-le de même pour eux* »[152].

Des maximes inspirées de la Bible – *Que tout se fasse avec dignité et ordre* [153] – ou des consignes de respect sont affichées sur les murs de la classe ou au tableau, particulièrement utiles dans une classe unique :

Avant de lever la main, réfléchis...Est-ce bien nécessaire ? Ai-je fait de mon mieux ? Ecoute ! La maîtresse est-elle occupée ? Attends ou essaie encore. [154]

4. Le comportement des enfants : L'esprit de compétition est banni d'une école amish. L'accent est mis sur la responsabilité individuelle à l'égard des autres. Dans la continuité de ce que l'enfant vit à la maison, l'école lui apprend à aider son prochain, son plus proche prochain étant son camarade de classe. Selon la petite formule « J.O.Y », affichée dans les salles de classe, il convient de faire passer les autres avant soi-même. C'est une attitude profondément biblique[155]. En conséquence, on rencontre peu de problèmes de discipline dans les écoles amish !

Sans esprit de compétition, chaque élève a sa place et est respecté pour ce qu'il est. « Puisque les talents individuels sont un don de Dieu, il n'y a pas lieu que l'élève doué soit spécialement encouragé et loué, de même que le cancre ne doit pas être moqué. »[156] Par contre, l'enfant est incité à travailler et à toujours faire de son mieux.

La vie dans la lumière se répand dans tous les aspects de la journée d'école : « En arithmétique, en étant précis et en ne trichant pas ; dans le parler, en apprenant à dire ce que l'on pense vraiment ; en géographie et en histoire, en élargissant sa compréhension du monde ; en musique, en chantant la gloire de Dieu (…) ; dans la

---

[151] Ibid. p.53.
[152] Lc 6,31
[153] 1Co 14,40
[154] Cit. in Rolland-Licour, op.cit. p.55.
[155] Cf. Ph 2,3-4 : *Ne faites rien par rivalité, rien par gloriole, mais, avec humilité, considérez les autres comme supérieurs à vous. Que chacun ne regarde pas à soi seulement, mais aussi aux autres.*
[156] Légeret, op.cit. p.125.

cour, en enseignant l'honnêteté, le respect d'autrui, la sincérité et l'humilité »[157] ; « en cultivant la propreté et l'économie en hygiène, (...) en apprenant à vivre honnêtement de la terre en géographie »[158], etc. La règle d'or s'applique particulièrement sur les terrains de jeux. La société amish ne connaît pratiquement pas la violence.

Très tôt, de par leur environnement familial, scolaire et communautaire, les enfants amish acquièrent une étonnante maîtrise de soi et maturité spirituelle.

---

[157] Légeret, op.cit. p.124-125.
[158] Kraybill, op.cit. p.225.

III. Le vécu de la *Gelassenheit* à l'école

A. *La discipline et l'entraide*

Les enseignants de nos écoles et collèges se plaignent de l'aggravation des problèmes de discipline, du manque de respect à l'égard des enseignants, du matériel ou des élèves entre eux. Le calme d'une école amish vient des moyens que nous venons d'énumérer, mais ceux-ci ne sont que le reflet d'une manière de concevoir l'existence, devant Dieu et avec les autres, qui imprègne toute la culture amish.

On s'approprie la *Gelassenheit* plus qu'on ne l'enseigne. Les enfants amish vivent dans un univers imprégné de gestes et d'habitudes qui marquent la soumission et appellent le don de soi[159]. Depuis leur plus jeune âge, les enfants grandissent dans une ambiance de respect et d'entraide, de refus de la violence dans les comportements et les paroles.

Dans la salle de classe, le respect dû à l'autorité se dirige vers l'enseignant, et l'entraide passe des plus âgés en faveur des plus jeunes ou des élèves ayant quelques difficultés.[160] « Les élèves du huitième degré s'occupent de ceux du septième qui s'occupent de ceux du sixième et ainsi de suite… Tout cela avec une discipline – héritage de l'éducation familiale qui favorise le respect et l'attente – à faire pâlir tout enseignant 'Anglais'[161]. »[162]

« Lorsque la maîtresse est trop sollicitée, il lui arrive de demander à un élève de dernière année de prendre en charge un plus petit. Elle ne nomme personne en particulier : celui ou celle qui se sent le plus disponible se porte volontaire. Il est donc

---

[159] *Amish Grace*, op.cit. p.103.
[160] « Comme les parents doivent être des exemples pour leurs enfants, les enfants les plus âgés doivent être de bons exemples pour les plus jeunes. Au sein des enfants d'une même famille, l'âge est plus important que le sexe pour définir l'autorité, la responsabilité et le travail. Les plus âgés prennent soin des plus jeunes enfants et les aident, sans les punir physiquement. » : Hostetler, op.cit. p.157.
[161] C'est-à-dire non amish.
[162] Légeret, op.cit. p.124.

fréquent de voir un élève de dernière année emmener un première année dehors pour lui faire réciter une leçon assis à l'abri du porche de manière à ne pas perturber le reste de la classe, ou encore de voir deux élèves de niveaux manifestement différents partager le même banc le temps d'un exercice. En déléguant ainsi son autorité à ses élèves, elle encourage l'entraide et responsabilise les aînés face à leur futur rôle d'adulte.»[163]

Ainsi, les enfants s'encouragent les uns les autres à faire des progrès. Dans une classe unique, il convient que chacun puisse étudier à son niveau. « Pendant que des écoliers s'avancent pour travailler sur le tableau noir ou donner des réponses, d'autres font tranquillement leur travail ou s'entraident ». « L'ordre prévaut au milieu de ce bourdonnement d'activités et les écoliers reçoivent une grande part d'attention personnelle de l'enseignant aussi bien que de leurs pairs. »[164]

Ce sont aussi les enfants qui se chargent de l'entretien de l'école. Ils rangent la salle de classe à la fin de la journée. A tour de rôle, des enfants sont préposés au nettoyage. Ils apprennent ainsi à respecter leur lieu de travail.[165]

La *Gelassenheit* se vit donc aussi dans le microcosme de l'école, petit laboratoire où elle se vérifie dans les esprits et les comportements. L'école anticipe une vie de disciple de Jésus, humble et soumise, dans la communauté et même plus tard dans le monde auquel les élèves ne manqueront pas d'être confrontés. Et quand le monde, avec sa haine et sa violence, comme ce fut le cas le 2 octobre 2006, fait irruption dans l'une de ces paisibles petites écoles, des enfants s'avèrent capables de lui faire face, avec une attitude évangélique qu'ils ont déjà intégrée, au point d'être prêts, comme Marian, à donner leur vie pour les autres.

---

[163] Rolland-Licour, op.cit. p.56-57.
[164] Kraybill, op.cit. p.226.
[165] Rolland-Licour, op.cit. p. 57.

B. La prière

La prière des enfants exprime l'esprit de la *Gelassenheit*. La vie spirituelle, nous l'avons souligné, est imprégnée de la Bible, du souvenir des martyrs et des cantiques – très denses spirituellement – de l'*Ausbund*. Pourtant, certains aspects de la prière amish sont d'une grande simplicité, et conviennent parfaitement à l'esprit d'un enfant. Cette simplicité, cet esprit d'enfance, préconisés par Jésus lui-même : *Je te loue, Père, Seigneur du ciel et de la terre, d'avoir caché cela aux sages et aux intelligents et de l'avoir révélé aux tout-petits*[166] ; *celui qui est le plus petit d'entre vous tous, voilà le plus grand* [167] ; etc. Cette prière s'exprime dans le Notre Père et le silence.

Les amish évitent les prières trop personnelles ; ils ne voudraient pas que la prière soit utilisée pour se mettre en avant, pour impressionner les autres. A tout autre texte, ils préfèrent le Notre Père[168], la prière que Jésus lui-même a confiée à ses disciples. Sa récitation en elle-même est un acte d'obéissance.

Le Notre Père est donc la première prière apprise par un amish – en allemand, dès l'âge de 4 ans –, et il la redira tout au long de sa vie. Il est récité à l'occasion de tous les cultes, lors des mariages, des funérailles et des ordinations. Il est prié matin et soir dans le cadre de la famille.

C'est la prière que les enfants redisent chaque jour, debout, au début de la journée d'école. Le Notre Père n'est pas une récitation, ni une simple demande. Pour un amish, c'est un programme existentiel. Il demande au Seigneur de faire advenir, *dans sa propre vie*, ce qui y est exprimé. En l'examinant sous cet aspect, la prière du Seigneur est l'expression de la *Gelassenheit* :

---

[166] Mt 11,25
[167] Lc 9,48
[168] Cf. *Amish Grace*, p.91ss.

- Dieu au premier plan, la recherche de sa seule gloire, « Jesus first ! » : *Notre Père... que ton nom soit sanctifié...* ;
- L'humilité, la soumission, l'obéissance : *Que ton Règne vienne... Que ta volonté soit faite...* ;
- La foi comme confiance absolue, l'assurance que Dieu pourvoit à toutes choses : *Donne nous aujourd'hui notre pain de ce jour...* ;
- La repentance, la non violence, le pardon, le rejet du péché : *Pardonne-nous nos offenses, comme nous pardonnons aussi à ceux qui nous ont offensés... Délivre-nous du mal...*

Le silence est une attitude d'humilité devant Dieu. Les amish se méfient des longs discours, surtout en matière de foi : « tous les arguments se taisent devant le caractère et l'exemple du Christ lui-même »[169]. *Silence, toute créature, devant le Seigneur !*[170] La prière amish est souvent, tout simplement, une prière silencieuse.

Le culte lui-même commence par le silence. Les cantiques sont ensuite espacés par de longues périodes de silence. Toute l'assemblée se met à genoux pour une prière silencieuse. Les prières avant et après les repas sont des moments de silence complet, pendant lequel chacun peut prier intérieurement... le Notre Père.

A la maison, le dimanche se déroule dans le calme. Le silence habite aussi les relations entre les gens. « Le silence est une manière de vivre et de pardonner, une manière d'intégrer avec amour la vie communautaire, d'accueillir l'offenseur avec amitié (...). Le silence aide à restaurer de bonnes relations humaines. En restant en silence quand d'autres posent des questions, on évite les sujets qui fâchent et introduisent la désunion. (...) La personne qui demeure en silence reste à l'écart des contradictions verbales. »[171]

---

[169] Hostetler, op.cit. p.389.
[170] Za 2,17
[171] Hostetler, op.cit. p.388-389.

Le silence est aussi la marque du pacifisme : c'est une manière de tendre l'autre joue ; il renvoie à l'exemple des martyrs et au Christ lui-même qui a refusé de répondre à Pilate et qui a souffert en silence sur la croix.

Les enfants amish sont habitués à cette culture du silence. Quel contraste avec nos écoliers ! Ce goût du silence imprègne la vie scolaire et favorise la prière, la disponibilité, l'humilité et l'écoute réciproque.

C. Les limites

Tout ce que nous venons d'exprimer pourrait laisser penser que les enfants amish sont des petits saints, et que leurs écoles offrent un avant-goût du paradis. Il est évident que l'éducation et la scolarité amish ont leurs limites.

Des limites voulues par les amish eux-mêmes, et qui sont celles de l'*Ordnung* : Selon les manières d'accepter l'*Ordnung*, les enfants se trouvent libérés ou enfermés par des règles strictes et un horizon limité. Où se situe la limite entre l'obéissance joyeuse et un légalisme insupportable ? Notre étude est restée très générale. Elle a voulu montrer les aspects lumineux de l'éducation amish. Elle ne s'est pas inquiétée des enfants qui peuvent se sentir à l'étroit dans le cadre familial, scolaire et communautaire. Mais cela est aussi vrai dans nos écoles…

Des limites dans le contenu de l'enseignement : Les programmes scolaires sont adaptés pour la vie amish. L'enseignement élémentaire dispensé dans les écoles amish est de bon niveau. Les enfants amish dépassent significativement les élèves moyens des écoles publiques américaines, notamment en orthographe, vocabulaire et calcul. Leur niveau est légèrement au-dessus du niveau national.[172]

Mais après ? Rares sont ceux qui entreprennent des études supérieures ; et s'ils le font, ils se coupent de leur communauté. Les amish ne veulent pas exposer leurs jeunes à la sagesse du monde. Ils se méfient de la science et des scientifiques, « qui

---

[172] Cf. Hostetler, op.cit. p.188.

ont inventé la théorie de l'évolution et qui ont fabriqué des bombes pour détruire le monde »[173].

Des limites spirituelles : De notre point de vue, on peut regretter un manque d'ouverture, d'enrichissement, d'approfondissement. Parmi les premiers responsables anabaptistes, à l'origine du mouvement, on trouvait d'éminents théologiens : Grebel, Mantz, Sattler, Menno Simons... Ils ont légué aux amish des fondements solides. Mais les amish préfèrent en rester là. Leur refus de se livrer à des spéculations théologiques les a enfermés dans une certaine « stérilité intellectuelle »[174].

Une ouverture à d'autres spiritualités marquées par la vocation au discipulat, leur permettrait d'élargir leur vision de la vie selon l'Esprit[175]. Les histoires lues aux enfants pourraient s'enrichir de François d'Assise, des Quakers, de John Wesley, de William Booth, de Mère Térésa, etc...

Des limites dans le domaine de l'art : L'éveil artistique d'un enfant amish est limité. Ils chantent dans les écoles, ils dessinent, sans figuration humaine... C'est plus tard, notamment dans les quilts, dans l'art du patchwork, ou dans l'entretien de leur jardin, que les femmes excelleront pour exprimer leur goût pour la beauté et l'harmonie.

Enfin, l'enfance n'a qu'un temps. Elle est suivie par l'adolescence, qui correspond à la fin de la scolarité. C'est une période difficile pour les jeunes, une période de crise et de remise en question, même chez les amish.

La sagesse amish tolère certaines folies de cet âge, le désir de se frotter au monde : des jeunes quittent leur vêtement amish, achètent un appareil photo, une radio, vont au cinéma, dans les bars, passent leur permis de conduire et se procurent une voiture[176]... Les adultes ferment les yeux sur les escapades – souvent nocturnes –

---

[173] Ibid. p.248.
[174] Jean Séguy, cit. in Légeret, op. cit. p.93.
[175] Cette ouverture se trouve par exemple chez les Eglises-communautés (*Church Communities International*), issues du mouvement *Bruderhof*, proche des houttériens. Cf. leur *Foundations of our Faith & Calling*, Rifton, New-York, The Plough Publishing House, 2012, p.21-25.
Disponible sur internet : http://www.bruderhof.com/_Utilities/Bruderhof/foundations/index.html
[176] Ibid. p.177.

de leurs adolescents, dans l'attente du jour où ils décideront d'eux-mêmes de revenir dans la communauté et de s'y engager pour la vie par le baptême – ce qui finit par arriver dans 90% des cas[177].

Mais les sorties du « temps des fredaines »[178] tournent parfois mal. Il arrive que la police ait à s'en mêler : abus d'alcool, trafic de drogue[179], courses en automobiles, etc.[180]

Les jeunes amish ne sont pas des saints. Cependant, ces expériences leurs permettent, quand vient le moment de penser au mariage, entre 19 et 22 ans, de rejoindre librement, en connaissance de cause, le giron de leur communauté. La paix de la *Gelassenheit*, même au prix de la discipline sévère de l'*Ordnung*, dépasse les attraits du monde moderne.

---

[177] Cf. *Amish Grace*, op.cit. p.116 ; Kraybill, op.cit. p.234.
[178] Ibid. p.187.
[179] Ibid. p.231.
[180] Ibid. p.188-189.

Conclusion

L'Education nationale, en France, régulièrement, se cherche à travers de nouvelles réformes... Face aux pédagogues, psychologues et... idéologues qui se penchent sur l'avenir de nos enfants en multipliant livres et rapports, la simplicité de l'école amish offre un visage déroutant. Elle nous interroge sur la place que nous laissons, dans notre société, à une vie de famille équilibrée, au sens communautaire et à la relation à Dieu. Elle nous interroge sur les valeurs que nous tenons à transmettre à nos enfants, et sur la manière de les transmettre.

Un regard fixé sur un écran d'ordinateur se dirigera plus difficilement vers un camarade en difficulté. Une oreille collée à un téléphone portable garde moins d'espace disponible pour le silence et l'écoute de l'autre. La compétition scolaire, la loi du meilleur et la recherche de l'excellence excluent le faible, le lent, le défavorisé et se moque bien de l'humilité.

Les enseignants ne se surprendraient-ils pas à rêver, en imaginant l'ambiance qui règne encore dans une salle de classe amish ? Un photographe, confronté au spectacle de ces écoles, s'écriait : « Voilà comment les choses devraient être, à la place de notre tapage moderne ! »[181]

Les amish nous prouvent qu'une autre école est possible. Leur histoire nous apprend qu'ils se sont battus pour l'obtenir et la préserver.[182] Ils ne font pas de prosélytisme. Ils ne cherchent pas à nous gagner à leur cause. Ils nous disent simplement : *Si vous admirez notre foi, fortifiez la vôtre. (...) Si vous admirez nos valeurs profondes et durables, alors vivez-les. Si vous admirez notre esprit de communauté, alors construisez-en une...* [183] Et je me permettrais d'ajouter, à la fin de

---
[181] Ibid. p.226.
[182] Cf. Nolt, op.cit. p.237ss et p.264ss.
[183] Légeret, op.cit. p.231 ; Rolland-Licour, op.cit. p.191.

cet exposé : « Si l'éducation de nos enfants vous pose question, interrogez-vous sur celle que vous donnez aux vôtres, sur vos familles, vos écoles et votre relation au Christ ».

Table des matières

INTRODUCTION..3

Conduire nos pas au chemin de la paix..5

I. La paix intérieure dans la Bible...8

II. La paix dans la souffrance: les martyrs..10

III. La paix dans le renoncement: les Pères du désert,

le renoncement à la volonté propre dans l'anabaptisme....................................16

IV. La paix dans la simplicité..23

V. La paix dans l'obéissance..27

Conclusion..32

Grandir dans la lumière :

la spiritualité de l'école amish 35

   Introduction...35

I. La *Gelassenheit*..37

   A. Vivre en disciple: le projet anabaptiste..37

   B. La *Gelassenheit* chez les amish...39

II. Une éducation spirituelle..42

   A. Dans la famille et la communauté...42

   B. A l'école..44

      1. La prière..46

      2. Les histoires et les chants..47

  3. L'attitude de l'enseignant..48

  4. Le comportement des enfants..50

III. Le vécu de la *Gelassenheit* à l'école...52

 A. La discipline et l'entraide..52

 B. La prière..54

 C. Les limites..56

Conclusion..59

Oui, je veux morebooks!

i want morebooks!

Buy your books fast and straightforward online - at one of the world's fastest growing online book stores! Environmentally sound due to Print-on-Demand technologies.

Buy your books online at
www.get-morebooks.com

Achetez vos livres en ligne, vite et bien, sur l'une des librairies en ligne les plus performantes au monde!
En protégeant nos ressources et notre environnement grâce à l'impression à la demande.

La librairie en ligne pour acheter plus vite
www.morebooks.fr

OmniScriptum Marketing DEU GmbH
Heinrich-Böcking-Str. 6-8
D - 66121 Saarbrücken
Telefax: +49 681 93 81 567-9

info@omniscriptum.de
www.omniscriptum.de

www.ingramcontent.com/pod-product-compliance
Lightning Source LLC
Chambersburg PA
CBHW031639160426
43196CB00006B/474